D1673799

KWALITEITEN

KWALITEITEN

een verfrissende kijk
op eigen-aardigheden

Peter Gerrickens

tweede druk

© 1997 Peter Gerrickens, 's-Hertogenbosch

ISBN 90-74123-023

Trefw: management

Uitgegeven door en verkrijgbaar bij:

Gerrickens *training & advies*
Rompertdreef 41
5233 ED 's-Hertogenbosch
Tel.: 073-6427411   Fax: 073-6428822

Voor Vlaanderen (ISBN 90-803904-10):

Creare vzw
Koekelarestraat 61
B-8610 Kortemark
Tel./Fax: 051-569295

INHOUD

VOORWOORD

Mijn interesse in eigenschappen van mensen begon op de middelbare school. Dat kwam in de eerste plaats - en dat merkte ik achteraf pas - doordat ik op zoek was naar mezelf. Ik stelde mezelf vragen als: Wie ben ik eigenlijk? Welke zijn mijn sterke en zwakke kanten? Welk beroep wil ik kiezen? Ik raakte geïnspireerd door een vriend en medeleerling die op zijn 16e reeds veel over psychologie gelezen had. Wat ik me goed herinner, is dat hij tijdens de aardrijkskundeles de goede en de vervelende eigenschappen van zijn buurmeisje op een rijtje zette aan de hand van haar geboortehoroscoop. Ik zat achter hun en luisterde geboeid naar het gesprek dat daarover plaatsvond. Het stimuleerde mij ook over mijn eigen gedrag na te denken.

Tijdens een cursus van Hans Korteweg in 1983 maakte ik voor het eerst kennis met de relatie tussen kwaliteiten en het functioneren van mensen.

De opleiding 'functioneren in organisaties' van het ITIP (Instituut voor Toegepaste Integrale Psychologie) maakte mij bekend met de meeste onderwerpen die in dit boek behandeld worden. Met deze thema's ben ik vervolgens een aantal jaren aan de slag gegaan, zowel in mijn werk als communicatietrainer en coach als in mijn persoonlijk leven. Dit boek vormt een weergave van mijn ervaringen op dit gebied.

De voorbeelden in dit boek zijn afkomstig van studenten van de Agrarische Hogeschool Den Bosch en van cursisten, maar ook van vrienden en van mijzelf.

Als hulpmiddel bij het werken met kwaliteiten heb ik in 1991 het Kwaliteitspel ontwikkeld en uitgegeven. De vele enthousiaste reacties op dit spel en de grote belangstelling ervoor waren voor mij een stimulans dit boek te schrijven.

De visie die als een rode draad door dit boek loopt, en die mij inspireerde het te schrijven, is dat mensen het meest effectief en plezierig functioneren als ze hun kwaliteiten optimaal gebruiken. Naarmate kwaliteiten beter tot hun recht komen, voelen mensen zich nuttiger en gelukkiger in het leven.

Tenslotte wil ik een aantal mensen bedanken die een bijdrage hebben geleverd aan het tot stand komen van dit boek.

In de eerste plaats Hans Korteweg en Jaap Voigt, mijn leermeesters bij het ITIP. Ik heb erg genoten van de bezielde manier waarop zij hun wijsheid naar voren brachten. Zij inspireerden mij in onderwijs, cursussen en trainingen met kwaliteiten te gaan werken.

Vervolgens de vele cursisten en studenten, die mij door hun inzet en toewijding de kans gaven de onderwerpen uit dit boek verder uit te diepen.

Tenslotte mijn vrouw Marijke, die vanuit haar gevoel voor taal en precisie haar licht heeft laten schijnen over de concept-versie van dit boek.

's-Hertogenbosch, december 1996, Peter Gerrickens

1

INLEIDING

Ieder van ons wordt in het dagelijks leven regelmatig geconfronteerd met zijn eigen-aardigheden. Je ontdekt dat je initiatiefrijk bent of gevoelig of zorgvuldig. Maar ook dat je soms bot doet tegen anderen, of onverschillig.

Van tijd tot tijd zijn we bezig met vragen als: Welke bezigheden passen het beste bij mij? Hoe kan ik omgaan met eigenschappen van mezelf, die ik vervelend vind? Welke zijn mijn verborgen talenten?

Door kwaliteiten als invalshoek te nemen is het mogelijk een antwoord te vinden op deze vragen. Kwaliteiten vormen een belangrijke drijfveer van waaruit wij de dingen doen die we doen, op de manier zoals we dat doen.

Voor veel mensen is het niet eenvoudig hun kwaliteiten optimaal te benutten in het leven van alledag. Dit boek heeft tot doel een gids te zijn bij de ontdekkingstocht naar de rijkdom van jouw kwaliteiten.

Ik vind het zinvol dat mensen zich verdiepen in hun persoonlijkheid, in hun eigen mogelijkheden en beperkingen, om zo hun eigen gedrag en dat van anderen beter te begrijpen en wellicht makkelijker te accepteren.

Dit boek is geschreven voor een ieder die belangstelling heeft voor kwaliteiten. In de eerste plaats voor mensen die aan de hand van het thema 'kwaliteiten' meer inzicht in zichzelf willen krijgen. Daarnaast ook voor managers, hulpverleners, adviseurs, communicatietrainers, en anderen die in hun werk met kwaliteiten te maken hebben. Ik richt me dus op mensen met uiteenlopende achtergronden. De voorbeelden die ik beschrijf, zijn dan ook zeer divers.

Het individu is steeds het startpunt in dit boek. Soms maak ik uitstapjes naar het functioneren van mensen in groepen of organisaties.

Het terrein van kwaliteiten is erg breed en laat zich moeilijk afbakenen. Het is net als het leven: het is geen kanaal maar een kronkelende rivier. De ordening van onderwerpen heeft mij behoorlijk wat puzzelwerk opgeleverd. De meeste onderwerpen hangen met elkaar samen.

De opbouw is als volgt. In hoofdstuk 2 komt naar voren wat kwaliteiten zijn, hoe ze in te delen zijn, hoe je ze kunt opsporen bij jezelf en hoe ze tot uitdrukking komen in de communicatie tussen mensen.

In hoofdstuk 3 staat het verschijnsel 'weerstand' centraal. Dit verschijnsel is vaak een signaal van een onjuist gebruik van kwaliteiten. Mechanismen als beeldvorming en overdracht (hoofdstuk 4) liggen ten grondslag aan het verkeerd omgaan met kwaliteiten. Als iemand bijvoorbeeld een onjuist beeld van zichzelf heeft, komen sommige kwaliteiten in de knel.

Bij overdracht herhalen mensen oude gedragspatronen. Een vijftal van deze patronen komt terug bij het onderwerp 'karakterstructuren' (hoofdstuk 5).

Hoofdstuk 6 behandelt een aantal manieren om verborgen kwaliteiten op het spoor te komen. Ook worden enkele hobbels besproken die je tegen kunt komen bij het ontwikkelen van deze kwaliteiten.

In hoofdstuk 7 wordt een tweetal manieren behandeld om met vervormde kwaliteiten ('slechte' eigenschappen) om te gaan.

In het laatste hoofdstuk is het uitgangspunt dat kwaliteiten een instrument zijn om hetgeen iemand bezielt vorm te geven. Bezieling komt onder andere tot uitdrukking in de visie op onderwerpen die mensen belangrijk vinden.

Ik gebruik indelingen en werkmodellen om het gedrag van mensen te plaatsen. Voor mij hebben ze hun praktische bruikbaarheid aangetoond. Ze fungeren als een opstapje om meer inzicht te bieden in het eigen functioneren. Ook zijn ze erg nuttig bij het hanteerbaar maken van hinderlijk gedrag bij mensen.

Een groot nadeel van het indelen van het gedrag van mensen aan de hand van modellen is, dat het een sterke vereenvoudiging is van de werkelijkheid. Mensen zijn (gelukkig!) nooit helemaal en nooit allemaal in indelingen in te passen. Ze zijn altijd ingewikkelder en gevarieerder dan een simpel model.

Van dit boek zal de lezer het meeste profijt hebben, als hij het leest alsof het over hemzelf gaat en wanneer hij het daadwerkelijk op zichzelf toepast. Om dit te vergemakkelijken zijn bij elk hoofdstuk opdrachten opgenomen. Deze opdrachten zijn per onderwerp gerangschikt in oplopende moeilijkheidsgraad.

2

KENNISMAKING MET KWALITEITEN

Ieder mens is een potentiële specialist op het gebied van zijn eigen kwaliteiten. Een specialist word je echter niet van de ene dag op de andere. Je moet daarvoor veel met een bepaald onderwerp bezig zijn. Dat geldt ook voor kwaliteiten.

Als mensen gaan nadenken over kwaliteiten, stellen ze zich vaak allerlei vragen. Dit hoofdstuk is een verkenning van het terrein van kwaliteiten aan de hand van een vijftal vragen:
• Wat zijn kwaliteiten en hoe komen ze tot uitdrukking in iemands activiteiten? (paragraaf 2.1)
• Hoe krijg ik mijn kwaliteiten op een rijtje? (paragraaf 2.2)
• Welke rol spelen kwaliteiten in het omgaan met elkaar? (paragraaf 2.3)
• Hoe verloopt de ontwikkeling van een kwaliteit en wat kan daarbij misgaan? (paragraaf 2.4)
• Welke groepen gelijksoortige kwaliteiten zijn te onderscheiden en welk effect hebben ze in de samenwerking met anderen en bij het nemen van beslissingen? (paragraaf 2.5)

2.1. Wat zijn kwaliteiten?

Kwaliteiten zijn onze meest 'eigene' eigenschappen. Ze vormen het potentieel aan persoonlijke mogelijkheden dat wij tot onze beschikking hebben en dat we al dan niet gebruiken. Kwaliteiten zijn persoonskenmerken die los staan van wat we aangeleerd hebben. Ze zijn het cadeau dat we meekrijgen met onze geboorte om datgene wat ons te doen staat, zo goed mogelijk te doen.

Ieder mens heeft een eigen set aan kwaliteiten, die net zo uniek is als zijn vingerafdruk. Deze kwaliteiten kunnen in de loop van het leven worden ontwikkeld.

Voorbeelden van kwaliteiten zijn: geduld, onderscheidingsvermogen, creativiteit, overzicht, humor, moed, overtuigingskracht en inlevingsvermogen.

De veelheid aan kwaliteiten die mensen kunnen hebben, is ook voor te stellen als een groot kleurenpalet met allemaal verschillende kleuren. Een aantal van deze kleuren (kwaliteiten) past bij jou, en jij gebruikt ze in situaties die je tegenkomt. Deze set aan kwaliteiten vormt jouw persoonlijke kleurenpalet.

Kijken naar mensen vanuit de invalshoek van kwaliteiten is een positieve visie: je probeert het beste in mensen te zien en te ontdekken. Vandaaruit kun je de ander stimuleren iets met zijn kwaliteiten te doen in het leven.

Als je dié kwaliteiten gebruikt die precies bij jou én de situatie passen, zal dat over het algemeen positieve effecten hebben voor jezelf en je omgeving. Soms valt dit niet eens zo op, omdat de manier waarop je je gedraagt zo passend is. Je bent dan gewoon jezelf.

Kwaliteiten vormen ook een kwetsbaar gebied. Het is heel pijnlijk om afgewezen te worden, daar waar je je het meest in je element voelt.

Sommige kwaliteiten van jezelf kunnen weerstand oproepen in je omgeving. Je hebt dan de keuze: óf omgaan met de weerstand, óf de weg van de minste weerstand kiezen en de betreffende kwaliteiten verborgen houden. Kies je voor dat laatste, dan levert dat meestal frustratie op. Ieder mens heeft immers een sterke innerlijke drang om zijn kwaliteiten tot uitdrukking te brengen. Je wilt immers graag jezelf zijn. De frustratie is de prijs die jij betaalt voor het niet ontplooien van jouw kwaliteiten[1].

Veel mensen hebben nogal wat moeite om voluit voor hun

kwaliteiten uit te komen. Het is schaamte voor het beste wat iemand in zich heeft[2]. Het is voor sommige mensen zelfs gebruikelijker te vertellen waar ze niet goed in zijn, dan waar ze wèl goed in zijn.

Een aantal jaren geleden gaf ik een training presentatietechniek aan een groep politiemensen in een grote stad. Een van de opdrachten was een lijstje met de eigen kwaliteiten te maken en die op een vel papier te schrijven. De vellen papier moesten vervolgens op de muur gehangen worden en iedere deelnemer zou een toelichting geven op zijn lijstje.

Enkele deelnemers echter konden hun eigen kwaliteiten niet over hun lippen krijgen en vroegen een van de collega's hun lijstje toe te lichten. Op de vraag wat de reden was van hun weigering, was het antwoord: 'Dat vind ik gênant'.

Wat is het verschil tussen kwaliteiten en vaardigheden? Kwaliteiten zijn in aanleg aanwezig en kunnen aangeboord en ontwikkeld worden. Vaardigheden kun je aanleren, kwaliteiten daarentegen niet[3].

Er is echter vaak een duidelijke relatie tussen de kwaliteiten van iemand en het gemak waarmee die persoon bepaalde vaardigheden aanleert. Zo vergemakkelijkt de kwaliteit 'tact' het zich eigen maken van onderhandelingsvaardigheden.

Kwaliteiten en activiteiten

Als je praat met mensen en hun vraagt wat ze graag zouden willen doen, dan kiezen ze meestal dié bezigheden waarbij ze hun eigen kwaliteiten kunnen inzetten of verder ontwikkelen. Vanuit hun kwaliteiten geven mensen ook een antwoord op de uitdagingen die ze tegenkomen in het werk.

Mensen functioneren het meest effectief én het prettigst, als ze hun kwaliteiten kunnen inzetten bij de activiteiten waar ze zich mee bezig houden.

Bij het zoeken naar een geschikte baan lopen veel mensen tegen een probleem aan. Ze vragen zich af: welke baan past bij mij? Met andere woorden: welke baan vereist de kwaliteiten die ik in huis heb en die ik graag wil benutten in het werk? Voor elke functie zijn kwaliteiten aan te geven die van belang zijn. Tegenwoordig worden de gewenste kwaliteiten steeds vaker vermeld in personeelsadvertenties. De werkgever die op zoek is naar de geschikte kandidaat voor een bepaalde functie heeft de niet geringe taak, er in korte tijd achter te komen over welke kwaliteiten de sollicitant beschikt.

De sollicitant op zijn beurt probeert een goed beeld te krijgen van de specifieke kwaliteiten die voor de functie gewenst zijn. Ook zou hij zich moeten afvragen of hij deze kwaliteiten wel in voldoende mate bezit en of het betreffende bedrijf wel de meest geschikte omgeving is om ze tot hun recht te laten komen.

Naast kwaliteiten spelen uiteraard ook vakkennis en vaardigheden een belangrijke rol bij de beoordeling of een functie bij een persoon past.

Voor mensen die het niet of onvoldoende lukt om hun kwaliteiten in activiteiten tot uitdrukking te laten komen, is het vaak moeilijk zich nuttig en gelukkig te voelen in het leven.

Je ziet dat bijvoorbeeld bij iemand wiens kwaliteiten niet tot hun recht komen in een werksituatie. Als gevolg daarvan daalt meestal het vertrouwen in de eigen kwaliteiten.

Het lijkt me leuk om in dit verband een vergelijking te maken met levensmiddelen - want dat zijn kwaliteiten in zekere zin toch ook. Kwaliteiten die je niet gebruikt, verhuizen na een tijdje van de eettafel naar de koelkast en kunnen tenslotte in de diepvries terecht komen. Van levensmiddelen die in de koelkast liggen, weet je nog wel dat je ze hebt. Bij spullen die in de diepvries terecht komen, weet je dat soms niet meer.

Niet alleen bij werkende mensen kunnen kwaliteiten in de koelkast of in de diepvries terecht komen. Dit gebeurt ook vaak als mensen werkloos worden of in relaties. Kwaliteiten die je niet meer inzet in de relatie, bijvoorbeeld uit angst, komen bij jezelf in de koelkast terecht. Het gevolg is vaak een verkoeling (in letterlijke en negatieve zin) van de relatie. In hoofdstuk 4 wordt hier verder op ingegaan.

2.2. Kwaliteiten op een rijtje zetten

Veel mensen zijn zich niet bewust van hun kwaliteiten. Als je ze vraagt hun acht belangrijkste kwaliteiten te noemen, dan hoor je meestal een diepe zucht en vervolgens is het dan even stil.

Een loopbaanadviseur vertelde me eens dat een klant, toen hem werd gevraagd naar zijn kwaliteiten, zei: 'Ik weet het niet. Ik geloof dat mensen me wel aardig vinden'.

De eerste keer dat iemand een kwaliteitenlijstje gaat maken, vindt hij dat vaak een hele klus. Echter, als de basis gelegd is, worden aanvullingen of nuanceringen naderhand veel makkelijker gemaakt.

Het is erg belangrijk je eigen woorden te kiezen voor jouw kwaliteiten. Kies een woord dat voor jou een kwaliteit zo precies mogelijk uitdrukt. Als je de juiste omschrijving voor een kwaliteit gevonden hebt, dan voel je zelf het contact met die kwaliteit. Je bent als het ware 'aangesloten' op die kwaliteit. Ook kun je dan een ander vrij makkelijk ervan overtuigen dat jij werkelijk over die kwaliteit beschikt.

Lukt het niet om alle belangrijke kwaliteiten van jou zelf te bedenken, dan zijn er verschillende manieren waarmee je ze op het spoor kunt komen. Eén manier is: onderzoeken wat je leuk vindt. Ook bij deze activiteiten maak je gebruik van kwaliteiten. Hobby's zijn daar een goed voorbeeld van. Een hobby doe je immers geheel vanuit jezelf en niet omdat het bijvoorbeeld geld oplevert. Integendeel: veel hobby's kosten geld.

Het opsporen van de kwaliteiten in de hobby's is niet altijd even makkelijk. Enkele voorbeelden van hobby's en mogelijke kwaliteiten van de beoefenaar die daarin schuilen: voor puzzelen is geduld nodig, voor bergbeklimmen is moed onontbeerlijk en voor reizen moet je avontuurlijk ingesteld zijn.

Kies je een sport die bij je past, dan kun je er veel van je kwaliteiten in leggen. Loop je lange afstanden, dan is doorzettingsvermogen nodig. Ben je bij een teamsport spelverdeler, dan is creativiteit gewenst.

Een tweede manier om kwaliteiten in beeld te krijgen is je af te vragen voor welke vragen of problemen anderen bij jou aankloppen. Als ze in de gaten hebben waar jij goed in bent, bestaat de kans dat ze jou daarvoor om hulp vragen. Ben je creatief, dan komen anderen wellicht naar jou toe als ze om ideeën verlegen zitten. Als je zorgvuldig bent, komen ze bij je om de conceptversie van een tekst te laten nakijken.

Een derde hulpmiddel dat je kunt gebruiken bij het onderzoeken van je kwaliteiten zijn de reacties van anderen. Aan mensen die jou goed kennen (familie, vrienden) of met wie je veel samenwerkt, kun je vragen welke kwaliteiten het meest eigen aan jou zijn. Een kanttekening is hierbij op z'n plaats. Vaak is hetgeen een ander over jou zegt gekleurd door kenmerken van zíjn persoonlijkheid.

Feedback ontvangen kan ook op een speelse manier via het door mij in 1991 ontwikkelde Kwaliteitenspel[4].

Als je op bovenstaande manieren je eigen kwaliteiten in beeld gaat brengen, zul je ongetwijfeld tegen een probleem aanlopen: welke kwaliteiten zijn nu het meest eigen aan jou?

Stel dat je maximaal acht kwaliteiten mag overhouden, hoe ziet het lijstje er dan uit? Je kunt nog een stapje verder gaan door een volgorde aan te geven binnen die acht kwaliteiten.

Een vraag die hierbij kan helpen is: welke kwaliteiten zijn mij het meest dierbaar en welke zou ik dus niet graag willen missen? Vaak ligt op twee of drie kwaliteiten de meeste nadruk en staan de andere kwaliteiten in dienst daarvan. Ben je vooral initiatiefrijk, dan kunnen creativiteit, moed en zelfverzekerdheid daarbij ondersteunende kwaliteiten zijn.

Een afgewogen selectie van jouw kwaliteiten maak je niet even op een avondje. Je moet ermee experimenteren. Als je er een tijd bewust en eerlijk naar jezelf toe mee bezig bent, kristalliseert het beeld zich eigenlijk vanzelf uit.

Bij het maken van een lijstje met kwaliteiten constateren sommige mensen dat ze kwaliteiten hebben die heel uiteenlopend van aard zijn, bijvoorbeeld dynamisch en geduldig. Zo'n persoon vraagt zich dan af of dat wel kan. Zeker wel. Hij gebruikt de betreffende kwaliteiten immers niet gelijktijdig.

Het kwaliteitenlijstje verandert meestal in de loop van de tijd. Nieuwe kwaliteiten ontwikkelen zich en andere raken wat meer op de achtergrond. Het maken van zo'n lijstje is dus een momentopname. Vandaaruit kun je, als dat nodig is, je zelfbeeld bijstellen.

2.3. Basisprincipes bij communicatie en kwaliteiten

Kwaliteiten spelen niet alleen een belangrijke rol in de activiteiten van mensen, maar ook in de onderlinge communicatie. De hoedanigheid van die communicatie is in sterke mate afhankelijk van de manier waarop mensen daarbij met hun eigen kwaliteiten omgaan. Enkele basisprincipes in het omgaan met elkaar hangen samen met het gebruik van kwaliteiten.

Eerst iets over communicatie in het algemeen. Communicatie tussen mensen heeft twee aspecten: een inhouds- en een relatie-aspect. Essentieel is dat communicatie over de inhoud, bijvoorbeeld over het werk dat gedaan moet worden, pas soepel kan verlopen indien de relatie tussen de gesprekspartners goed is. Als er storingen in de relatie zijn, bijvoorbeeld als één van de twee gesprekspartners zich niet serieus genomen voelt, dan moeten die storingen eerst worden opgelost alvorens men op een zinvolle wijze met de inhoud verder kan gaan. Dit geldt voor alle situaties waarin mensen met elkaar communiceren.

Een interessante vraag is nu: hoe kunnen mensen met elkaar communiceren, op een zodanige manier dat de relatie tussen de gesprekspartners zo goed mogelijk wordt of blijft? Zodat er ook onderling vertrouwen ontstaat en blijft bestaan.

Een belangrijke rol daarbij spelen enkele basisprincipes voor effectieve communicatie, te weten acceptatie, duidelijkheid, empathie en echtheid[5]. Deze basisprincipes zijn oorspronkelijk bedoeld voor therapeutische situaties. Ik vind echter dat ze voor iedereen gelden in de omgang met anderen. De meeste mensen willen in allerlei situaties graag overeenkomstig deze principes worden benaderd.

In de onderstaande toelichting zal bij elk basisprincipe het belang van kwaliteiten worden aangegeven.

Acceptatie betekent dat je de ander accepteert zoals hij is, ook al houdt deze er andere opvattingen of gewoontes op na. Soms is het daarbij moeilijk om gevoelens van de ander te accepteren. Bijvoorbeeld als de ander ergens bang voor is waar jij helemaal niet bang voor bent.

Acceptatie houdt ook in dat je de ander niet beoordeelt of veroordeelt op basis van je eigen maatstaven, en dat je de ander erkent als persoon, met zijn sterke en minder sterke kanten.

Bij *duidelijkheid* gaat het erom dat de gesprekspartners hun verwachtingen en bedoelingen duidelijk maken. Dan kunnen veel misverstanden worden voorkomen.

Duidelijkheid betekent ook dat de gesprekspartners zich zo concreet en specifiek mogelijk uitdrukken. Dat speelt ook een belangrijke rol als de één de ander iets gaat uitleggen.

Duidelijkheid is een kwaliteit. Mensen waarbij deze kwaliteit manifest is, hoeven voor dit basisprincipe weinig moeite te doen.

Het derde basisprincipe is *empathie*. Onder empathie wordt verstaan het vermogen je in te leven in de gevoelens en in de situatie van de ander. Inlevingsvermogen is een kwaliteit. In veel gesprekken is het van belang je te kunnen verplaatsen in de situatie van de ander. Daarbij gaat het niet alleen om de inhoud van wat iemand zegt, maar vooral ook om de gevoelens van die ander.

Een hulpmiddel om de ander te laten merken dat je je inleeft, is de spiegeling of gevoelssamenvatting. Daarbij vertel jij de ander welk gevoel jij bij die ander opmerkt. Je toont begrip. Inleven betekent ook, dat je de beleving van de ander als startpunt neemt.

Het laatste basisprincipe is *echtheid*. Dat betekent dat je jezelf bent en dat jij díe dingen zegt die jij in díe situatie te zeggen hebt. Je zet de kwaliteit in die je op dat moment graag wilt inzetten. Dan is hetgeen jij zegt in overeenstemming met wat jij voelt. Dus geen vriendelijkheid tonen als dat niet gemeend is.

Als echtheid niet aanwezig is, omdat je je anders voordoet dan je bent, kan dit wantrouwen oproepen bij de ander. Dit gebeurt ook wanneer mensen zich niet vrij voelen om te zijn wie ze zijn. Je voelt vaak feilloos aan wanneer er iets niet klopt. Vaak roept echtheid bij de één echtheid bij de ander op.

Het in elke situatie toepassen van deze basisprincipes is geen eenvoudige zaak. De meeste mensen kunnen ook goed aangeven welke van de vier basisprincipes het zwakste is bij henzelf.

2.4. Ontplooiing van kwaliteiten

Een kwaliteit kan pas dàn optimaal in het leven van alledag worden benut, wanneer deze kwaliteit volledig tot ontplooiing is gekomen. Bij de ontwikkeling van een kwaliteit zijn een viertal stadia aan te geven, van onontwikkeld tot overontwikkeld: latent, half-latent, manifest en vervormd[6].

Latente kwaliteiten

Kwaliteiten die in de kiem aanwezig zijn en zich bij jou nog (opnieuw) kunnen ontwikkelen, zijn latente kwaliteiten. Zo'n latente kwaliteit is vergelijkbaar met een bloembol die onder de grond zit en die, als de omstandigheden gunstig zijn, kan gaan groeien. Zelf zie je dat meestal niet. Een geoefende buitenstaander soms wel. Via het mechanisme van projectie is het mogelijk latente kwaliteiten op het spoor te komen. Meer hierover in hoofdstuk 6.

Een andere mogelijkheid is het besluit een kwaliteit weg te stoppen, omdat die negatieve reacties oproept of omdat je er zelf van schrikt. Hiervan ben je je vaak niet bewust. Je zou kunnen zeggen dat deze kleur verdwenen is uit jouw kleurenpalet.

In latente kwaliteiten zitten belangrijke ontwikkelingsmogelijkheden voor jou als persoon. Situaties die iemand voor zichzelf als een uitdaging ziet, bieden vaak een mogelijkheid bepaalde latente kwaliteiten verder te ontwikkelen.

Half-latente kwaliteiten

Kwaliteiten die je selectief inzet, dat wil zeggen alleen in een voor jou vertrouwde situatie, zijn half-latent. Ze zijn gedeeltelijk ontwikkeld. Is de situatie niet veilig, dan zet je zo'n kwaliteit niet in, ook al is dat gewenst. De kwaliteit 'gevoeligheid' is zo'n voorbeeld van een kwaliteit die bij sommige mensen half-latent is. Ze durven alleen op een gevoelsmatige wijze te reageren als de situatie veilig is en ze geen risico lopen afgewezen of gekwetst te worden.

Een ander voorbeeld is, dat iemand bij zijn familie en vrienden wel humor ten toon spreidt, maar bij collega's op het werk deze kwaliteit niet of nauwelijks aan bod laat komen. Een grapje ter verluchtiging kan ook daar echter zeer functioneel zijn.

Bij half-latente kwaliteiten lijkt het er soms op, dat een bepaalde kwaliteit niet aanwezig is. Het is echter mogelijk dat ze verborgen blijft in situaties waarin ze wel gewenst of passend is.

In termen van het kleurenpalet: half-latente kwaliteiten zijn kleuren die je de ene keer wel en de andere keer niet gebruikt om jouw 'kunstwerk' te maken. In díe situaties dat je niet de kleur gebruikt die je eigenlijk wilt, kies je nog wel eens een andere kleur. Bij sommige mensen zie je dan, dat ze de kwaliteit 'doortastendheid' niet zo goed durven in te zetten en in plaats daarvan de kwaliteit 'zorg' gaan toepassen. Ze gaan liever rond met de koffiepot dan dat ze de knoop doorhakken bij een moeilijk besluit.

Manifeste kwaliteiten

Manifeste kwaliteiten zijn kwaliteiten die je goed in de vingers hebt, waar je vertrouwd mee bent. Ze zijn optimaal ontwikkeld. Je hebt er gemakkelijk toegang toe en gebruikt ze in situaties waarin dat nodig is. Wanneer ze niet gepast zijn, kom je er niet mee voor de dag.

Manifeste kwaliteiten zijn vaak díe kwaliteiten waar mensen het over hebben als ze in positieve zin over anderen praten. Ze zeggen dan bijvoorbeeld van de ene persoon dat die zorgvuldig is, of van een ander dat humor een heel kenmerkende kwaliteit is.

24

Manifeste kwaliteiten zien anderen soms beter bij jou dan dat je ze zelf ziet. Ze zijn je soms zo bekend, dat ze je niet meer opvallen bij jezelf. Het inzetten van manifeste kwaliteiten gaat je meestal makkelijk af. Je bent dan jezelf. Het kost over het algemeen veel meer inspanning je anders voor te doen dan je bent.

Vervormde kwaliteiten

Vervormde kwaliteiten zijn van oorsprong goede eigenschappen, alleen zijn deze overdreven of overontwikkeld, waardoor ze vaak een negatief effect hebben op de omgeving. Ze zijn letterlijk 'ver van hun oorspronkelijke vorm' geraakt. Het is een 'teveel van het goede'. In de volksmond worden vervormde kwaliteiten 'slechte eigenschappen' genoemd.

Voorbeelden van vervormingen en de bijbehorende kwaliteiten zijn: pietluttigheid en zorgvuldigheid; opdringerigheid en overtuigingskracht; bemoeizucht en zorgzaamheid; met alle winden meewaaien en flexibiliteit.

Als je slechte eigenschappen ziet als vervormde kwaliteiten, komen deze in een ander daglicht te staan en wordt het makkelijker ernaar te kijken. Je staart je niet blind op het negatieve van de slechte eigenschap, maar je gaat zoeken naar de kwaliteit die verborgen zit achter dat 'vervelende' gedrag van jezelf. Je ontkent daarbij het negatieve niet, maar je weet dat er meer is dan dat.

Op deze manier kunnen mensen hun slechte eigenschappen anders gaan beleven, en gestimuleerd worden zich meer te richten op de kwaliteit en minder op de vervorming. Meer hierover in hoofdstuk 7.

Het vervelende bij vervormde kwaliteiten is dat ze bij de ander ook vaak een vervorming oproepen. Zo kan doordrammen van de één tot passiviteit bij de ander leiden.

2.5. Kwaliteitencirkel

De manier waarop mensen verschillen in geaardheid is duidelijk terug te vinden in de soorten van kwaliteiten waarover ze beschikken. Groepen van gelijksoortige kwaliteiten zijn terug te vinden in de kwaliteitencirkel. Deze indeling van kwaliteiten is gebaseerd op de vier natuurelementen: aarde, vuur, lucht en water. Ze hebben betrekking op allerlei facetten van het leven. In de kwaliteitencirkel worden ze toegespitst op eigenschappen van mensen. In deze betekenis zijn ze het eerst beschreven door Empedocles[7].

Aan de hand van de kwaliteitencirkel is het mogelijk een globaal beeld te krijgen van de eigen kwaliteiten en de daarmee samenhangende werkstijl. Ook is het een hulpmiddel bij het analyseren van samenwerkingsprocessen en bij het nemen van beslissingen.

Een kanttekening. Het kijken naar de eigen kwaliteiten aan de hand van de kwaliteitencirkel is een momentopname. Het kwaliteitenlijstje van iemand verandert immers vaak in de loop van de tijd.

Aarde-kwaliteiten

De symbolische betekenis van het element aarde is: grond onder onze voeten, een fundament om op te bouwen. De aarde geeft houvast. Zij biedt een ondergrond aan water, lucht en vuur.

Dingen op de aarde zetten betekent: ze tastbaar en zichtbaar maken.

Van aarde-kwaliteiten kun je spreken wanneer iemand bijvoorbeeld praktisch is, nuchter, nauwgezet, principieel, geduldig, eerlijk, vastberaden, betrouwbaar of doorzettingsvermogen heeft. Mensen met relatief sterke aarde-kwaliteiten hebben behoefte aan structuur: wat zijn de afspraken en regels? Wie heeft welke verantwoordelijkheid? Alles moeten gecheckt kunnen worden. Ze zijn gericht op concrete resultaten. Het zijn realiteitsmensen. Bij dingen die ze horen, vragen ze zich af: kan ik er iets mee doen of niet? Wanneer aarde-kwaliteiten vervormen en negatieve kanten krijgen, kunnen deze leiden tot weinig ruimte laten voor nieuwe dingen, starheid, dwangmatigheid, botheid, zwijgzaamheid en een afwachtende of pessimistische instelling.

In moeilijke situaties zullen mensen met sterke aarde-kwaliteiten geneigd zijn zich te beroepen op afspraken en regels. Als deze ontbreken, zullen ze deze willen maken.

Vuur-kwaliteiten

Het element vuur symboliseert: warmte, licht en energie geven. Vuur is krachtig, grijpt snel om zich heen en geeft spanning en beweging. Ook kan het gevaar brengen: 'Iemand speelt met vuur'.

Van vuur-kwaliteiten is sprake wanneer iemand bijvoorbeeld enthousiast is, initiatiefrijk, dynamisch, idealistisch, impulsief, creatief, energiek, veranderingsgericht of moedig. Mensen met overwegend vuur-kwaliteiten hebben vaak een heleboel ideeën en zijn gericht op nieuwe mogelijkheden, maar de praktische uitvoering laat nogal eens te wensen over.

Vervormingen komen tot uitdrukking in bijvoorbeeld ongeduldig zijn, roekeloos, naïef, rusteloos, slecht luisteren, bazig zijn, onvoorspelbaar, overrompelend of onpraktisch. Ook doordrammen en van de hak op de tak springen zijn vervormingen van vuur-kwaliteiten.

Mensen met overwegend vuur-kwaliteiten kunnen bij confrontaties zó ongeremd losbarsten, dat de vonken er als het ware vanaf spatten.

Lucht-kwaliteiten

De symbolische betekenis van het element lucht is: zuurstof, ruimte en vrijheid. Lucht is de drager van klank, waardoor wij met elkaar communiceren.

Lucht-kwaliteiten zijn onder andere: makkelijk praten, kritisch analyseren, verbanden leggen, overzicht hebben, logisch redeneren, objectief zijn, tactisch zijn en kunnen plannen. Mensen met sterke lucht-kwaliteiten gaan theoretisch, systematisch en vergelijkend te werk.

Vervormingen van lucht-kwaliteiten kunnen leiden tot eindeloos geklets of details over het hoofd zien, sluw zijn, afstandelijk of zweverig zijn.

In lastige situaties proberen mensen met sterke lucht-kwaliteiten het overzicht te houden: wat gebeurt er precies en waarom juist zó? Ze proberen gebeurtenissen te plaatsen en ze willen de grote lijn in het oog houden. Ook proberen ze rationeel en strategisch te werk te gaan, de ander in te schatten en tactisch te reageren.

Water-kwaliteiten

Het element water tenslotte symboliseert: leven, verfrissing en stroming. Water past zich heel gemakkelijk aan.

Onder water-kwaliteiten vallen bijvoorbeeld gevoelig zijn, meelevend, flexibel, mild, zorgzaam en respectvol. Mensen met sterke water-kwaliteiten laten zich vaak leiden door hun gevoel en zijn gericht op contact met en verbinding tussen mensen. Zonder gevoelscontact kunnen zij moeilijk samenwerken met anderen. Het zijn ook de helpers, die aandacht hebben voor behoeften van mensen en hen ondersteunen. Ze hebben oog voor het gemeenschappelijke en ze zijn teamgericht.

Mogelijke vervormingen zijn: overgevoeligheid, niet voor zichzelf opkomen, passiviteit, onderdanigheid en met alle winden meewaaien.

Bij confrontaties voelen mensen met overwegend water-kwaliteiten zich geblokkeerd. Ze raken in verwarring en ze zouden het liefst wegkruipen.

De vier groepen van kwaliteiten vormen twee paren met tegenoverliggende, elkaar aanvullende kwaliteiten: aarde-kwaliteiten tegenover vuur-kwaliteiten en lucht-kwaliteiten tegenover water-kwaliteiten (zie figuur 1).

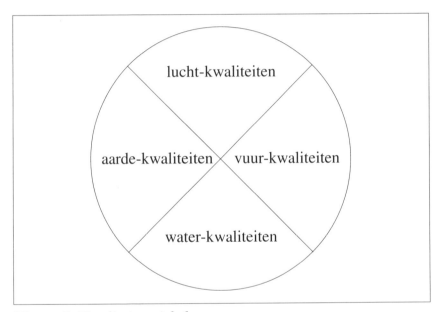

Figuur 1. Kwaliteitencirkel

In het bedenken van nieuwe ideeën zijn mensen met sterke vuur-kwaliteiten beter dan mensen met aarde-kwaliteiten, maar deze laatsten zijn weer beter in de praktische uitvoering ervan.

Indien een medewerker in een organisatie niet goed functioneert, zal de manager met sterke lucht-kwaliteiten daar in eerste instantie objectief en zakelijk naar kijken. Als de betreffende manager vooral water-kwaliteiten heeft, zal hij zich het eerst bezighouden met de menselijke kant van dit probleem.

Zijn bij de leidinggevende zowel de water- als de lucht-kwaliteiten sterk vertegenwoordigd, dan kunnen deze twee groepen kwaliteiten zich door middel van een dialoog binnen hemzelf doen gelden. Op het ene moment overweegt hij de medewerker te ontslaan, op het andere moment zal hij geneigd zijn hem extra begeleiding te geven.

Bij veel mensen zijn in een bepaalde periode van hun leven één of twee groepen kwaliteiten het sterkst vertegenwoordigd. Dat betekent meestal niet dat ze alle kwaliteiten (en vervormingen) uit die groep hebben. Het betekent ook niet dat ze geen kwaliteiten uit de andere groepen hebben, maar wel dat die kwaliteiten minder sterk aanwezig zijn en het bijbehorende gedrag minder snel wordt vertoond.

Samenwerken

Samenwerkingssituaties zijn heel geschikt om vanuit de kwaliteitencirkel te benaderen. Dat kunnen werksituaties zijn, maar ook situaties in het privéleven.

> Een cursist vertelt: 'Een tijdje geleden wilde ik samen met mijn zoon de zolder opruimen. Zodra we op zolder waren, begon mijn zoon meteen met allerlei spullen te schuiven. 'Ho, ho, wacht even', riep ik. Hij is erg impulsief, maar ik wil eerst een tijdje nadenken voor ik aan zo'n klus begin.
> Ik heb mijn zoon gevraagd om even iets anders te gaan doen, zodat ik rustig kon puzzelen over de meest praktische indeling. Toen dat was gebeurd, zijn we samen aan de slag gegaan.'

Op basis van hun kwaliteiten hebben mensen een eigen manier van werken en ook van samenwerken. Zo zal iemand met veel aarde-kwaliteiten rustig maar gestaag werken en het liefst met concrete dingen bezig zijn. Een persoon met veel vuur-kwaliteiten zal een hoger werktempo hebben, maar dat doorgaans wel minder lang kunnen volhouden.

In het bovenstaande voorbeeld was het vrij makkelijk een oplossing te vinden voor de verschillen in kwaliteiten tussen de twee personen. Maar dat is niet altijd zo. Vooral bij het samenwerken met iemand bij wie kwaliteiten uit de tegenoverliggende groep sterk vertegenwoordigd zijn, kunnen conflicten ontstaan. Dit kan voorkomen worden door de onderlinge verschillen op tijd te onderkennen, elkaar daarin te respecteren en op zoek te gaan naar creatieve oplossingen. Je kunt bijvoorbeeld taken gaan verdelen op basis van de aanwezige kwaliteiten, en nagaan hoe je elkaar kunt aanvullen.

Een probleem dat regelmatig voorkomt bij het samenwerken in groepjes van twee of drie personen is dat de leden van het groepje een aantal kwaliteiten hebben die hetzelfde zijn. Als je je samenwerkingspartners zelf kunt kiezen, kies je namelijk vaak voor mensen die op jou lijken. Dat heeft voor- en nadelen. De samenwerking zelf verloopt dan vaak vrij soepel, maar het eindproduct kan onevenwichtig worden. Stel dat twee mensen met overheersende aarde-kwaliteiten een probleem moeten oplossen. Dan bestaat het risico dat ze de eerste oplossing die hun te binnen schiet, gaan uitvoeren, in plaats van dat ze eerst nog andere alternatieven zoeken.

Beslissingen nemen

Ook bij het maken van keuzes en het nemen van beslissingen kunnen de vier groepen kwaliteiten een belangrijke rol spelen. Iemand met sterke lucht-kwaliteiten zal het daarbij behorende gedrag ook laten zien bij het nemen van beslissingen. Het risico bestaat dan dat het probleem waarover een beslissing genomen moet worden, te eenzijdig benaderd wordt. Rationele overwegingen kunnen dan de overhand krijgen boven de gevoelsmatige kant van de zaak.

Als je van jezelf weet welke neiging tot eenzijdigheid jij hebt, kun je daar rekening mee houden. Bijvoorbeeld door, voordat je een beslissing gaat nemen, te gaan praten met iemand die heel andere kwaliteiten heeft en die jou van daaruit kan helpen een evenwichtiger besluit te nemen.

Opdrachten

1. Zet enkele situaties op een rijtje waarin jij zeer succesvol was. Ga bij elke situatie na aan welke kwaliteiten van jezelf het succes met name te danken was.

2. Wat zijn je hobby's? Of: bij welke activiteiten voel je je het meest in je element? Welke kwaliteiten van jezelf kun je dan inzetten?

3. Maak een lijstje van jouw 8 belangrijkste kwaliteiten. Geef ook een volgorde van belangrijkheid aan, te beginnen met de kwaliteit die jou het meest dierbaar is. Als je dat wilt, kun je nog een onderscheid maken tussen kwaliteiten die je inzet in je werk en in het privéleven.
Bij deze opdracht kun je gebruik maken van de lijst met kwaliteiten uit bijlage I.

4. Welke kwaliteit(en) van jezelf stop je het eerst 'in de koelkast' in situaties die voor jou lastig zijn?

5. Maak een lijstje met jouw 6 belangrijkste vervormde kwaliteiten. Geef een volgorde aan in de mate waarin je zelf het meeste last hebt van de vervormingen.

Ga na welke van deze vervormingen samenhangen met kwaliteiten uit opdracht 3.
Bij deze opdracht kun je gebruik maken van de lijst met vervormingen uit bijlage I.

6. Welke zijn de belangrijkste kwaliteiten en vervormingen van de organisatie waar je voor werkt? Welke zijn de effecten van deze kwaliteiten en vervormingen op de mensen die er werken?

7. Welk van de vier basisprincipes voor effectieve communicatie gaat jou het makkelijkst af? Welk vind je het lastigst? Hoe komt dat?

8. Geef een volgorde aan met betrekking tot de mate waarin de verschillende groepen kwaliteiten uit de kwaliteitencirkel bij jou aanwezig zijn. In hoeverre herken je de vervormingen die hiermee samenhangen?

9. Wat vind jij kenmerkend aan de manier waarop je beslissingen neemt? Bedenk een voordeel en een nadeel hiervan. Ga na of er een samenhang is tussen het antwoord op deze vraag en de volgorde bij de vorige opdracht.

3

WEERSTAND

Veel mensen benutten hun kwaliteiten niet in alle situaties even optimaal. Dit is bijvoorbeeld zo wanneer ze in weerstand terecht komen. Het verschijnsel weerstand vormt vaak een dekmantel voor mechanismen als beeldvorming en overdracht, waarbij kwaliteiten in de knel komen. Deze mechanismen komen in het volgende hoofdstuk uitgebreider aan bod.

In dit hoofdstuk ligt de nadruk vooral op het onderkennen van weerstand en het ermee omgaan. Daarvoor is het nodig eerst onderscheid te maken tussen directe en indirecte communicatie, omdat er bij verschillende vormen van weerstand namelijk sprake is van indirecte communicatie.

3.1. Directe en indirecte communicatie

Veel communicatiestoringen tussen mensen worden veroorzaakt doordat ze niet precies zeggen wat ze te zeggen hebben: ze communiceren indirect. Bijvoorbeeld door iets anders te zeggen, niets te zeggen of onvolledig te zijn. Soms kan het heel nuttig zijn niet direct te zijn in je communicatie, bijvoorbeeld als je jezelf wilt beschermen omdat een ander jou wil manipuleren. Of wanneer je iets wilt zeggen, maar het moment daar niet geschikt voor is. Vaak echter zijn mensen indirect terwijl ze in die situatie best direct zouden kunnen zijn.

Er is sprake van directe communicatie wanneer iemand datgene zegt wat hij eigenlijk wil zeggen. Alle relevante informatie komt op tafel. Vaak kan de persoon die het betreft het beste be-

34

oordelen of er sprake is van directe of indirecte communicatie. Soms zijn mensen er zich niet van bewust dat ze indirect zijn. Buitenstaanders kunnen op basis van bepaalde signalen wel vermoedens hebben over de mate van (in)directheid van iemand. Wanneer bijvoorbeeld het verbale signaal niet overeen komt met het non-verbale is er sprake van indirecte communicatie. In dit specifieke geval noemt men dat 'incongruentie'. Als iemand met een vragend gezicht zegt dat hij iets begrepen heeft, dan heb je alle reden daaraan te twijfelen. Non-verbaal kunnen de meeste mensen minder goed liegen dan verbaal. Daarom is non-verbaal gedrag een goede graadmeter om vast te stellen of er sprake is van indirecte communicatie.

Enkele andere voorbeelden van signalen van indirecte communicatie zijn:
• Erom heen draaien of een ontwijkend antwoord geven.
• Spanning in het gesprek, zonder dat de inhoud daartoe aanleiding geeft.
• Praten zonder oogcontact (behalve als iemand dat vaak doet) en afwezig kijken.
• Tegenstrijdige dingen zeggen, zichzelf tegenspreken.

Bovengenoemde signalen verschillen in de mate waarin ze zekerheid geven over indirecte communicatie. Zo zal incongruentie voor 99 % zekerheid geven over achtergehouden informatie, terwijl dat bij aarzelen veel minder zeker is. Naarmate iemand meer signalen van indirecte communicatie uitzendt, is de kans groter dat hij informatie achterhoudt.

Een ander punt dat vaak opvalt, is het verschil tussen het oppikken van verbale signalen van indirecte communicatie enerzijds en non-verbale signalen anderzijds. Dit heeft vaak te maken met de mate waarin een persoon meer visueel of meer auditief ingesteld is. De een is meer een 'kijker', die niets ontgaat van wat er te zien valt aan zijn gesprekspartner, maar die niet alles hoort wat de ander zegt. Iemand anders is meer een 'luisteraar', die precies kan zeggen wat zijn gesprekspartner verteld heeft, maar die niet meer weet welke kleren de ander aan had.

Er zijn nog veel meer signalen van indirecte communicatie. Bij de bespreking van de verschillende vormen van indirecte weerstand in de volgende paragraaf komen ze aan de orde.

3.2. Basisvormen van indirecte weerstand

In het dagelijkse spraakgebruik bedoelt men vaak met 'hij of zij zat in de weerstand', dat de betreffende persoon niet meer wilde luisteren en er geen land meer mee te bezeilen viel. Dit kan erg frustrerend zijn, met name wanneer die ander jou om advies gevraagd heeft bij het oplossen van een probleem.

Het is dan vaak nodig dat die persoon iets verandert, dat hij begint met zich anders op te stellen of actie gaat ondernemen. Alle begin is moeilijk. Dit te beseffen kan bij die ander onzekerheid of angst oproepen met als gevolg dat hij de uitvoering van de verandering verhindert of vertraagt.

'Weerstand' is te beschouwen als een verzet of afweer tegen iets nieuws, tegen de wijze waarop advies gegeven wordt of de manier waarop iemand zich gedraagt. Mensen kunnen ook weerstand hebben tegen de inhoud van een bepaalde boodschap of tegen de persoon die de boodschap overbrengt. Het komt ook regelmatig voor dat de boodschap (inhoud) en de boodschapper (persoon) aan elkaar gekoppeld worden, zodat de boodschapper de schuld krijgt van het (vervelende) bericht. Dit kan een rol spelen bij een slecht-nieuwsgesprek.

Een mogelijke oorzaak van weerstand is gehechtheid aan het oude[8]. Veel mensen willen dingen het liefst bij het oude laten, zelfs wanneer de oude situatie niet ideaal is. Ze hebben ermee leren leven. Ook zijn ze bang dat door de verandering dat wat wél goed was aan de oude situatie zal verdwijnen. Van het oude weet je immers wat je hebt.

In de persoon die vanuit weerstand reageert, zit vaak iets tegenstrijdigs: aan de ene kant wil iemand zijn probleem oplossen, aan de andere kant durft hij niet te veranderen en verzet hij zich. Hij wil dat alles blijft zoals het is.

Naast het zoeken naar de oorzaak van weerstand is het ook van belang na te gaan wat het nut er van is. Vaak is verzet tegen iets nieuws natuurlijk en functioneel. Als iemand met een onuitvoerbaar idee komt, dan is het verstandig je daartegen te verzetten. Misschien leidt dit verzet tot aanpassing van het idee, waardoor het wel bruikbaar is.

Bij veranderingen in een organisatie bestaat er soms onduidelijkheid over de inhoud er van. De medewerkers ervaren een verandering bovendien vaak niet als een verbetering of ze vinden het allemaal te snel gaan. In deze gevallen is weerstand nuttig. Doordat er weerstand optreedt, wordt men immers gedwongen alles eerst goed op een rijtje te zetten en geen overhaaste beslissingen te nemen. Als deze 'normale' afweer heeft plaatsgevonden en de zaken zijn goed doorgesproken, dan verdwijnt de weerstand meestal.

In welke vormen komt weerstand tot uitdrukking in communicatie?[9] Een belangrijk onderscheid bij weerstand is dat tussen directe en indirecte weerstand. Bij een directe uiting van weerstand zegt een persoon precies wat hij te zeggen heeft, hij legt zijn bezwaren duidelijk en open op tafel, zodat bespreking hiervan kan plaatsvinden.

Bij een indirecte uiting van weerstand legt iemand zijn bezwaren niet open op tafel, maar hij 'verpakt' ze of zegt ze helemaal niet. Daardoor zet hij de ander op het verkeerde been. Soms gaat dit onbewust. Het is dan ook veel moeilijker met indirecte weerstand om te gaan dan met directe weerstand.

Er zijn vier basisvormen van indirecte weerstand[10]: agressie, trots, onderdanigheid en teruggetrokkenheid.

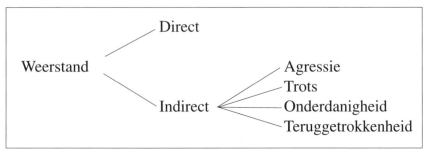

Figuur 2. Weerstand

Laten we deze vormen eens nader bekijken aan de hand van een voorbeeld. De situatie betreft een ondernemer die geldproblemen heeft. Een financieel adviseur heeft de zaak doorgerekend en komt tot de conclusie dat stoppen met het bedrijf wellicht de beste oplossing is. Hij vertelt dit aan de ondernemer. Stel dat die ondernemer zich dan bang en onzeker voelt. Als hij direct communiceert, zegt hij heel open wat het advies hem doet: 'Ik merk dat het idee te stoppen met mijn bedrijf me heel onzeker maakt'. Hij zegt dus precies wat hij wil zeggen.

Veel vaker zal het voorkomen dat de ondernemer niet durft te zeggen wat het advies hem doet, bijvoorbeeld omdat hij vindt dat hij het niet kan maken openlijk voor zijn angst uit te komen. Hij kan op verschillende manieren indirect reageren:
1. Agressie: boos worden op de adviseur.
2. Trots[11]: zeggen dat het dom van de adviseur is zo'n advies te geven en dat deze zijn huiswerk nog maar eens over moet doen. Hij plaatst zichzelf dan boven de adviseur.
3. Onderdanigheid: zeggen dat stoppen met het bedrijf wel de beste oplossing zal zijn. Hij is dus heel meegaand.
4. Teruggetrokkenheid: niets zeggen, stil worden.

Er zijn nog meer reacties mogelijk, maar deze vier zijn basisreacties van mensen, indirecte uitingsvormen van weerstand tegen verandering. Met welke vorm van weerstand je te maken krijgt, is met name afhankelijk van:

- De persoon met wie je in gesprek bent. De een zal eerder in de onderdanige weerstand terechtkomen, terwijl de ander trots gaat reageren.
- De vorm van weerstand die in een bepaalde situatie geoorloofd en mogelijk is. Onderin de hiërarchie van een organisatie wordt trots vaak niet en onderdanigheid wel getolereerd.
- Jou als persoon. Datgene wat jij op dat moment door jouw gedrag bij de ander oproept.
- De normen die in een bepaalde situatie heersen.

Nu volgt een toelichting op de vier vormen van indirecte weerstand: agressie, trots, onderdanigheid en teruggetrokkenheid. Elke weerstandsvorm heeft zijn eigen signalen van indirecte communicatie. Andersom is het niet zo dat alle signalen van indirecte communicatie, bij een weerstandsvorm onder te brengen zijn.

In de volgende paragraaf geef ik aan hoe jij kunt reageren op de weerstand van jouw gesprekspartner.

Agressie

Kenmerkend voor de agressieve weerstand is dat er vaak nogal wat lading (energie) achter zit. Iemand zegt bijvoorbeeld: 'En nu is het afgelopen met dat gedoe', terwijl hij eigenlijk wil zeggen dat hij zich bedreigd voelt. De persoon valt dan aan en reageert boos of geïrriteerd. Hij stelt zich daarbij niet boven de ander op, maar op gelijke hoogte. Kenmerkend is vaak dat de boosheid geuit wordt, maar niet het gevoel dat de aanleiding vormt voor de boze reactie.

Andere mensen schrikken vaak van de hoeveelheid energie van de persoon met de agressieve weerstand en trekken zich terug of ze klappen dicht. Ze hebben de neiging opzij te gaan.

Een lichte, maar vervelende vorm van agressieve weerstand is 'sputtergedrag'. Dat kan bijvoorbeeld ontstaan zodra iemand ongevraagd allerlei adviezen krijgt. Hij kan dan reageren met: 'Ja, maar ....' Elk advies wordt op deze wijze van tafel geveegd. De onderliggende boodschap is: 'Ik wil geen advies'. Dit zegt hij echter niet.

Als je te maken hebt met agressieve weerstand bij een ander, bestaat de kans dat jij ook agressief gaat reageren.

Een student vertelt: 'Ik heb moeite met mensen die agressief reageren. Laatst werkte ik samen met een medestudente die op een bepaald moment agressief reageerde naar mij toe. Ik voel me snel aangevallen en kon het niet laten om ook agressief te reageren. De beschuldigingen gingen over en weer en allerlei dingen die er niets mee te maken hadden, werden er ook bij gehaald.

Na een tijdje besefte ik dat dit niet werkte en ging ik me (te) meegaand opstellen, omdat we toch met elkaar verder moesten. Daar was ik eigenlijk ook niet tevreden mee. Achteraf gezien had ik beter kunnen doorvragen op haar agressieve reactie om te kijken wat er allemaal aan de hand was. Dat vereist van mij nogal wat discipline.'

Signalen van indirecte communicatie die we kunnen waarnemen bij de agressieve weerstand zijn:
• Harder gaan praten.
• In de verdediging gaan.
• Overdrijven.
• In de rede vallen.
• Beschuldigen.

Trots

Bij de trotse weerstand verheft de ander zich boven jou, stelt zich boven jou op en vernedert jou. Ook mensen die grapjes maken om een ander voor schut te zetten, terwijl ze zich eigenlijk heel onzeker voelen, maken van deze vorm van weerstand gebruik. Net zoals een klant die jou als beginnend adviseur eigenlijk maar een snotneus vindt, en, in plaats van je dat te zeggen, steeds inhoudelijk met jou in discussie gaat. De trotse persoon stelt zich boven jou in plaats van te vertellen wat hij vindt of voelt.

De gesprekspartner van de persoon met de trotse weerstand reageert meestal ook met trots of met onderdanigheid. Trots in combinatie met trots geeft een welles-nietes spelletje en wordt na een tijdje meestal een machtstrijd. Dan gaat het niet meer om de inhoud van het gesprek, maar om de vraag wie er gaat winnen. Geen van beiden wil het eigen ongelijk toegeven.

Signalen van indirecte communicatie die we kunnen waarnemen bij de trotse weerstand zijn:
* Goede inhoudelijke argumenten niet serieus nemen.
* Bluffen.
* Zichzelf tegenspreken.
* Geen redelijke argumenten ergens voor geven. De echte redenen worden niet verteld.
* Bagatelliseren, dingen onbelangrijker maken dan ze zijn.
* Kleineren.

Onderdanigheid

Bij onderdanigheid laat iemand (soms bewust) over zich heen lopen, omdat hij de confrontatie met jou niet aangaat. Hij doet precies het tegenovergestelde als bij trots: hij stelt zich onder jou op. Naar buiten toe wordt hij heel volgzaam: hij loopt als een hondje achter je aan.

Het zijn vaak mensen die 'ja en amen' knikken tijdens het gesprek, maar waarvan achteraf blijkt dat ze het er toch niet mee eens zijn. Je vraagt je af: zal hij doen wat we hebben afgesproken of niet? Meent hij wat hij zegt of meent hij het niet?

Een adviseur in de groenteteelt die werkzaam is bij een conservenbedrijf vertelt: 'Ik vind de onderdanige weerstand vaak moeilijk te herkennen. Tijdens het gesprek denk je dat alles goed gaat, maar achteraf blijkt dat hetgeen met de klant is afgesproken, niet wordt uitgevoerd.

Afgelopen zomer heb ik dit meegemaakt bij een conserventeler. Voor onze planning was het gewenst dat er bij deze teler 's nachts geoogst werd. Hij stemde hiermee in en zei dat het geen probleem was. Toen wij 's nachts aan de poort van het bedrijf stonden, bleek deze gesloten.

De volgende dag ben ik naar de teler toe gegaan. Na lang praten kreeg ik eruit dat 's nachts oogsten voor hem onmogelijk was. Hij had een slechte relatie met de buurt en hij was bang voor klachten vanwege geluidsoverlast.'

Aan de buitenkant lijken trots en onderdanigheid heel verschillend, maar er zijn ook overeenkomsten. Er ligt vaak eenzelfde houding aan ten grondslag. De trotse en de onderdanige denken beiden in termen van 'hoog' en 'laag', 'erboven' of 'eronder', 'vernederd' of 'verheven zijn'. Het is opmerkelijk dat iemand die zich onder de ander plaatst, zich vaak boven de ander voelt staan. Als een persoon die neigt naar de trotse weerstand van tevoren weet dat hij niet kan winnen, dan gaat hij zich vaak onderdanig gedragen. Dit zie je vaak in hiërarchische situaties.

Signalen van indirecte communicatie die we kunnen waarnemen bij de onderdanige weerstand zijn:
• Meepraten met de ander ('ja en amen' zeggen).

- Incongruentie (je stemt toe, maar niet van harte).
- Vluchtgedrag (bijvoorbeeld erom heen draaien, een ontwijkend antwoord geven, of een smoesje verzinnen).
- Veel praten over onbelangrijke dingen (afleiding zoeken).

Teruggetrokkenheid

Kenmerkend voor de teruggetrokken weerstand is dat iemand in zijn schulp kruipt en stil wordt, terwijl hij eigenlijk wel dingen wil vertellen, bijvoorbeeld dat hij zich bang of bedreigd voelt. Hij verbergt hetgeen hij eigenlijk zou willen laten weten achter een façade en is daarmee indirect.

De reactie van de gesprekspartner op de teruggetrokken persoon is vaak dat hij probeert met extra energie informatie uit die persoon te trekken. De teruggetrokkene merkt dan dat hij niet erkend wordt in zijn angst, dat de angst niet mag. Daardoor kan er een zogenaamde tweede angst ontstaan: de angst voor de angst. Als gevolg daarvan zal hij zich nog verder terugtrekken.

Een andere mogelijke reactie op teruggetrokkenheid bij een ander is, dat je jezelf ook gaat terugtrekken. Dan ontstaan er soms pijnlijke stiltes en wordt de sfeer in het gesprek zwaar. Beide gesprekspartners zitten dan in de indirecte weerstand.

Soms vinden mensen het in eerste instantie moeilijk teruggetrokkenheid en onderdanigheid van elkaar te onderscheiden. Aan de sfeer van het gesprek is het verschil echter goed te merken: bij teruggetrokkenheid loopt het gesprek stroef en is spanning voelbaar. Bij onderdanigheid loopt het gesprek veel soepeler en is er nauwelijks spanning.

Een ander probleem is het onderscheid maken tussen iemand die gewoon weinig zegt (een 'stille') en iemand die in de teruggetrokken weerstand zit. De overeenkomst is dat ze allebei weinig zeggen. Het verschil is echter dat de persoon die in de teruggetrokken weerstand zit, veel meer non-verbale signalen van indirecte communicatie uitzendt en er meer spanning bij deze persoon aanwezig is.

Signalen van indirecte communicatie die we kunnen waarnemen bij de teruggetrokken weerstand zijn:

• Korte antwoorden geven op vragen of zwijgen.
• Aarzelen.
• Zachter gaan praten.
• Het vermijden van oogcontact.
• Een ongeïnteresseerde houding.
• Vaag zijn.

De bovenstaande vier basisvormen van indirecte weerstand bestaan uit twee tegenpolen: 'teruggetrokkenheid' tegenover 'agressie' en 'trots' tegenover 'onderdanigheid'. Dit is weergegeven in figuur 3.

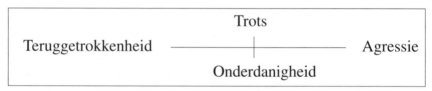

Figuur 3. Vormen van indirecte weerstand

Soms komen weerstandsvormen gecombineerd voor. De meest voorkomende combinaties zijn 'trots' met 'agressie' en 'onderdanigheid' met 'teruggetrokkenheid'.

Iemand kan van de ene naar de andere vorm van weerstand gaan. De trotse persoon die op een bepaald moment inziet dat hij niet kan winnen, kan kiezen voor onderdanigheid. Ook reageren sommige mensen eerst agressief, om zich vervolgens terug te trekken[12].

3.3. Omgaan met indirecte weerstand

Het herkennen van indirecte weerstand is de eerste stap. Dit is soms moeilijk, vooral bij de onderdanige en de trotse weerstand. Een volgende stap is het omgaan met weerstand bij de ander. Het eerste wat hierbij van belang is, is dat je zelf niet ook in weerstand terecht komt, en daarin verstrikt raakt. Dat heet inhaken. Je gaat dan zelf indirect reageren, waardoor de situatie nog waziger wordt. Dit kan zover gaan dat het gesprek stokt of zelfs vastloopt.

De enige combinatie van weerstand die soms een oplossing biedt is agressie tegenover agressie: de lucht kan dan opklaren.

Niet inhaken betekent dat jij direct blijft reageren door datgene te zeggen wat je te zeggen hebt. Dat is vaak niet zo simpel als het misschien lijkt.

Over de weerstand gaan communiceren is vaak zinloos. Deze is net zo ongrijpbaar als een spook. Je kunt bijvoorbeeld met een trots iemand niet over zijn trots praten. Hij is te trots om toe te geven dat hij in de trotse weerstand zit. Als je de ander héél goed kent, kan het soms wel effectief zijn om die persoon te confronteren met zijn trots. Voorwaarde is dat hij bereid is naar jou te luisteren.

In het omgaan met indirecte weerstand zijn steeds twee stappen te onderscheiden[13]. De eerste stap na het waarnemen van de weerstand is het omgaan met de indirectheid zelf, met het concrete gedrag dat de ander vertoont. Neem daar de tijd voor. De bedoeling van deze eerste stap is de mate van weerstand te verminderen.

De tweede stap is erachter zien te komen wat de ander werkelijk vindt of voelt. Bij de ene vorm van weerstand is dit makkelijker te achterhalen dan bij de andere. Als de persoon met de agressieve weerstand zijn boosheid kwijt is, kost het vaak vrij weinig moeite het onderliggende gevoel boven tafel te krijgen.

Hieronder volgen enkele suggesties om je te helpen bij het omgaan met de indirecte weerstand van de ander.

Agressie. Een persoon die in de agressieve weerstand zit, dien je allereerst ruimte te geven om stoom af te blazen. Doorvragen op de inhoud van het gesputter of de boosheid is hiervoor een goede manier. Belangrijk is ook dat je je niet uit het veld laat slaan door de (sterke) emoties van de ander.

Ben je het eens met de reden waarom de ander kwaad wordt, dan kan het nuttig zijn daar begrip voor te tonen, bijvoorbeeld door te zeggen: 'Ik zou hier ook kwaad om worden'.

Pas als de ander uitgeraasd is, is hij geneigd te gaan luisteren naar hetgeen jij te vertellen hebt. Dan kun je proberen erachter komen wat er eigenlijk aan de hand is, welk gevoel onder de boosheid ligt. Als het helder is waar het in feite over gaat, kun je dit verder bespreken.

Trots. Een valkuil waar veel mensen in terechtkomen bij het omgaan met de trotse weerstand, is dat ze in de verdediging gaan. Als de trotse persoon zegt dat hij niet gelooft dat jouw oplossing voor zijn probleem de juiste is, is het verstandig om eerst door te vragen naar de redenen daarvoor. Je gaat dus met hem mee in plaats van dat je je tegen hem af zet. Tijdens het doorvragen moet je alert zijn op signalen die wijzen in de richting van hetgeen de ander werkelijk vindt. Bij de trotse persoon is daar vaak moeilijk achter te komen.

Lukt het niet te achterhalen wat er werkelijk aan de hand is, dan is het nuttig om de overeenkomsten en de verschillen aan te geven tussen jullie zienswijzen en te bekijken welke oplossing je daarvoor kunt vinden. Dat kan bijvoorbeeld door een deskundige te raadplegen. Ga nooit in discussie en dring geen oplossing op. Laat de ander altijd zelf de keuze. Benadruk dat de ander vrij is jouw adviezen al dan niet over te nemen. Als de trotse persoon echt iets wil van jou, zal hij alsnog eieren voor zijn geld kiezen en zijn trotse masker laten vallen.

Onderdanigheid. Deze vorm van weerstand is vaak moeilijk te ontdekken en te pakken, omdat het lijkt alsof alles goed loopt in het gesprek. Soms merk je het doordat de ander incongruentie vertoont. Wat je dan kunt doen is doorvragen, of de ander (voorzichtig) confronteren met zijn incongruent gedrag. Zo kun je erachter komen wat de echte mening van de ander is. Als je de ander een advies gegeven hebt en je twijfelt of hij er wel echt achter staat, dan kun je vragen hoe hij het advies gaat uitvoeren. Als hij er niet achter staat, dan merk je dat wel. Je kunt hem daar vervolgens mee confronteren.

Als je weet dat iemand de neiging heeft onderdanig te worden, dan moet je daar rekening mee houden, bijvoorbeeld door die ander in eerste instantie zelf oplossingen te laten bedenken voor zijn probleem of te stimuleren initiatieven te nemen.

Een vrouw vertelt: 'In de samenwerking met anderen neem ik vaak het voortouw. Als er taken verdeeld moeten worden, heb ik duidelijke ideeën over wie wat het beste kan doen en ik kan die ideeën overtuigend presenteren. Bij sommige mensen roept dat onderdanigheid op. Zo iemand gaat wel mee in wat ik zeg, maar reageert dan niet echt enthousiast. Ik vind het dan moeilijk te weten te komen wat die persoon eigenlijk wil.

Ik ben er achter gekomen dat ik het beter anders kan aanpakken als ik samenwerk met iemand die neigt naar onderdanigheid. En wel door samen het lijstje met taken door te nemen en die persoon eerst te vragen waar zijn voorkeur naar uitgaat. Het initiatief ligt dan meer bij de ander en daardoor staat hij meer achter hetgeen we afspreken, zodat het resultaat beter is. Ik zorg wel dat hetgeen ìk wil ook aan bod komt. Een simpele oplossing die werkt!'

Teruggetrokkenheid. Bij een angstig of teruggetrokken persoon is het vooral van belang om de ander ruimte te geven, te laten merken dat je die angst respecteert en begrip te tonen voor de ander. Dan kan de angst verminderen en daardoor kan de ander uit zijn schulp kruipen. Wat ook zinvol is, is om de ander actief te laten deelnemen aan het gesprek.

Veel mensen zijn bang voor stiltes in een gesprek. Daardoor hebben ze de neiging als reactie op de teruggetrokkenheid van de ander zelf meer te gaan praten, gesloten vragen te gaan stellen of dingen in te gaan vullen voor de ander. Daardoor komt de teruggetrokkene minder aan bod, terwijl je juist het tegenovergestelde wilt bereiken.

Veel mensen zijn te snel tevreden met het antwoord dat wordt gegeven door de teruggetrokken persoon. Dat antwoord is vaak pas het topje van de ijsberg. Rustig doorvragen is dan nodig. Let er echter op dat het gesprek geen kruisverhoor wordt.

Bij alle vormen van indirecte weerstand is het van belang te proberen erachter te komen wat die ander eigenlijk wil zeggen, en daarop in te spelen. Achter de weerstand zit meestal een wens of een probleem waar je iets mee kunt doen. Weerstand zelf blijft een hinderlijk verschijnsel. Constateer eenvoudigweg de weerstand en trek je conclusies.

Het is niet altijd eenvoudig de manier te vinden die voor jou persoonlijk de beste en meest prettige is om met een bepaalde vorm van indirecte weerstand van de ander om te gaan. Wat mij betreft zijn de uitgangspunten: proberen een ingang te vinden voor het contact met de ander en zoveel mogelijk jezelf te blijven.

Indirecte weerstand in groepen

In elke situatie waarin je met een groep werkt (bijvoorbeeld als leidinggevende of als docent), of waar je als deelnemer in een groep zit, kun je te maken krijgen met groepsweerstand. Deze weerstand kan ontstaan zodra:

- De leider met of in een groep iets wil veranderen.
- De leider met een bepaalde boodschap komt die niet gewenst is of die niet aansluit bij de ideeën of uitgangspunten van de groep.
- Deelnemers zich gaan storen aan elkaars gedrag.
- Deelnemers zich gaan storen aan het gedrag van de leider.
- Directe communicatie wordt afgestraft.

De vorm van weerstand die een groep gaat vertonen is grotendeels afhankelijk van vier factoren:

- De weerstandsvorm(en) waar de individuele groepsleden het snelst in terecht komen.
- De normen in de groep. Als binnen een organisatie bijvoorbeeld de norm heerst, dat kritiek geven op de leiding niet geoorloofd is, zal de onderdanige of teruggetrokken weerstand sneller opgeroepen worden dan de trotse of de agressieve weerstand.
- De vorm van weerstand die de leider oproept door zijn gedrag.
- De mate waarin de groepsleden elkaar kennen.

Eigen aan groepsweerstand is, dat deze taaier is en dat er moeilijker mee om te gaan is dan met individuele weerstand.

Een ander kenmerk van groepsweerstand is dat weerstand bij een groepslid de weerstand bij andere groepsleden of de leider vaak ook oproept. Als enkele groepsleden in de agressieve weerstand terechtkomen en de leider aanvallen, dan trekken enkele anderen zich meestal vrij snel terug. Als de leider dan de sputteraars hard aanpakt, kunnen de mensen in de trotse weerstand reageren met: 'Dat kun je niet maken'.

Van belang bij groepsweerstand is, dat de leider niet te lang wacht met ingrijpen om zo escalatie te voorkomen. Als er echter weinig gevaar voor escalatie is, kan het zinvol zijn gewoon door te gaan en te wachten totdat de weerstand voorbij is. De kunst hierbij is om er zelf niet in verstrikt te raken.

Hoe kun je de verschillende vormen van indirecte weerstand in een groep herkennen? De agressieve vorm van weerstand is in een groep vrij snel te herkennen in de vorm van boze reacties of gesputter.

De teruggetrokken vorm van weerstand maakt de sfeer in de groep gespannen.

De trotse weerstand komt vaak tot uitdrukking in de vorm van halve waarheden die mensen gaan vertellen of door de twijfel die ze zaaien. Eigen hieraan is dat die mensen steeds blijven terugkomen met, of blijven zoeken naar, punten waar ze het niet mee eens zijn. Inhoudelijk is het waar wat door de mensen met die weerstand gezegd wordt, maar ze willen eigenlijk iets anders zeggen en daarom is het indirecte weerstand.

De onderdanige weerstand ten slotte maakt de groep tot een zogenaamd 'lieve' groep, waarbij achter de rug van de leider het echte commentaar gegeven wordt.

Opdrachten

1. Ga bij jezelf na welke van de in dit hoofdstuk genoemde signalen van indirecte communicatie je het snelst oppikt bij een ander, en welke het minst snel. Deze laatste zijn belangrijk om in de gaten te houden in de contacten met anderen. Je ziet ze immers snel over het hoofd.

2. Welke van de in dit hoofdstuk genoemde signalen van indirecte communicatie herken je het meest bij jezelf?

3. Met welke vorm van indirecte weerstand heb jij bij een ander de meeste moeite? Waarom?

4. In welke vorm van weerstand kom je zelf het makkelijkst terecht? Geef een voorbeeld van een situatie waarin dat gebeurt.

5. Welke vorm van weerstand roep jij het makkelijkst op bij een
ander? Neem een situatie als voorbeeld en analyseer die.Ga eens
na wat jij dan doet, zodat bij die ander die weerstand ontstaat. Wat
zou jij kunnen doen, zodat dat minder snel gebeurt?

4

KWALITEITEN IN DE KNEL

Het is erg onprettig als je het gevoel hebt dat je in sommige situaties niet goed uit de verf komt. Je vraagt je af wat de oorzaak daarvan is en vooral ook wat je eraan kunt doen.

Ook komt het vaak voor, dat iemand specifieke kwaliteiten van zichzelf niet durft in te zetten, hoewel hij dat graag zou willen en het in een bepaalde situatie zelfs nodig is.

Wanneer mensen niet goed functioneren, dan komt dat vaak omdat ze bepaalde kwaliteiten van zichzelf niet benutten. Een drietal mechanismen die hiermee samenhangen, staan centraal in dit hoofdstuk. Beelden (paragraaf 4.2) en overdracht (paragraaf 4.3) zijn oorzaken van verstoringen bij het inzetten van kwaliteiten. Projectie (paragraaf 4.4) is een mechanisme dat een belangrijke rol speelt bij het op het spoor komen van deze verstoringen.

Eerst komt echter een model ter sprake over de opbouw van de menselijke persoonlijkheid. Bij de verschillende mechanismen komt dit model terug.

4.1. Ego en schaduw

Door sommige eigenschappen (kwaliteiten en vervormingen) van jezelf te benadrukken en andere onder te waarderen of te ontkennen, is de persoonlijkheid van de mens te verdelen in ego en schaduw[14]. Deze verdeling is gebaseerd op hoe je jezelf ziet.

Het ego is dát deel van je persoonlijkheid dat je van jezelf kent én aan anderen wilt laten zien. Iedereen heeft zo een aantal eigenschappen waarvan hij zegt: zo ben ik.

Figuur 4. Persoonlijkheid van de mens

De schaduw is dàt deel van je persoonlijkheid dat je van jezelf kent, maar bewust niet aan anderen wilt laten zien èn dat deel van je persoonlijkheid dat je niet (meer) kent[15]. Het begrip 'schaduw' werd het eerst gebruikt door de psychiater Carl Gustav Jung.

Stel dat je jezelf actief vindt en een harde werker, en dat je dat positief waardeert. Dan reken je deze eigenschappen tot je ego. Je wilt jezelf niet kennen als passief en lui, want dat vind je negatief. Luiheid en passiviteit zitten dan in je schaduw.

Als je van een eigenschap zegt 'zo ben ik', betekent het meestal dat je iets anders automatisch uitsluit, namelijk de tegenovergestelde eigenschap.

Mensen voelen zich het meest prettig als ze in zoveel mogelijk situaties zichzelf kunnen zijn en zo de eigen kwaliteiten optimaal benutten. In termen van ego en schaduw betekent dat: ervoor zorgen dat het ego zo groot mogelijk is, dat er zoveel mogelijk eigenschappen van de persoon in zitten[16]. Het gebied van de schaduw is dan zo klein mogelijk.

Hoe kleiner ons ego is, des te minder van onze kwaliteiten we tot ons ego rekenen, en des te groter onze schaduw zal zijn. Hoe meer kwaliteiten we niet benutten, des te onzekerder wij ons voelen.

Een bijkomend nadeel van een grote schaduw is, dat de balans binnen onszelf verstoord raakt. Daardoor evolueren kwaliteiten die in de schaduw terecht komen vaak tot vervormingen. Meer hierover in hoofdstuk 7.

De verdeling tussen ego en schaduw is een momentopname.

Een mens ontwikkelt zich, waardoor door de tijd heen verschuivingen optreden. Als je een latente kwaliteit van jezelf gaat ontwikkelen, verhuist deze in de loop van de tijd van de schaduw naar het ego. Andersom kan natuurlijk ook: als je een bepaalde kwaliteit lange tijd niet inzet, komt deze in de schaduw terecht.

Ego

Als mensen een situatie als veilig ervaren, laten ze meestal andere eigenschappen van hun ego zien, dan wanneer ze deze als onveilig beschouwen. Ook laat iemand méér van zichzelf zien, naarmate hij zich veiliger voelt.

In veilige situaties laten mensen hun belangrijkste kwaliteiten zien en ook enkele vervormingen. Je kunt daarbij nog onderscheid maken tussen eigenschappen die in zakelijke situaties naar voren komen, en andere die alleen in het privéleven aan het daglicht treden.

In zakelijke situaties gaat het om manifeste kwaliteiten en vervormingen die je goed kent van jezelf en die je niet onder stoelen of banken wilt steken.

Veel mensen zijn in zakelijke situaties gedeeltelijk anders dan in privésituaties en laten daarbij ook andere kanten van zichzelf zien. De verschillen tussen zakelijk en privé hebben vaak te maken met half-latente kwaliteiten. Het zijn kwaliteiten die je thuis en aan goede vrienden wel laat zien, maar in werksituaties niet.

Half-latente kwaliteiten kunnen in werksituaties heel nuttig zijn. Dat besef je zelf echter niet. Komt zo'n half-latente kwaliteit 'per ongeluk' wel naar voren, dan kun je je daar in eerste instantie erg ongemakkelijk bij voelen.

Een tijd geleden had ik samen met mijn vrouw een overleg met twee collega's. Tijdens het gesprek noemde zij 'speelsheid' als een van mijn kwaliteiten. Mijn collega's reageerden verrast. Deze eigenschap kenden ze niet van mij.

Eerst vond ik het vervelend dat mijn vrouw deze kwaliteit genoemd had en ik wist me geen houding te geven. Even later besefte ik dat ik die kant van mijzelf eigenlijk best wilde laten zien aan mijn collega's.

In het verdere verloop van de samenwerking zette ik regelmatig de kwaliteit speelsheid in. Een positief effect daarvan was, dat ook mijn collega's eigenschappen van zichzelf lieten zien die ik niet kende.

In situaties die iemand als onveilig ervaart, zet hij meestal een masker op. Het masker is die houding, die gezichtsuitdrukking, die stem, die woorden waardoor je je naar buiten toe anders voordoet dan dat je van binnen bent[17]. Bij maskergedrag laat je uit angst niet je ware gezicht zien. De meeste mensen zijn er zich terdege van bewust wanneer ze dit doen en kunnen dan ook feilloos enkele situaties beschrijven waarin zij zich zo gedragen. Iemand is boos op een ander, maar hij doet heel vriendelijk, omdat hij bang is de relatie met de ander te verstoren. Zijn gesprekspartner voelt dan echter geen echt contact met hem.

Er zijn veel verschillende maskers. De in het vorige hoofdstuk genoemde vormen van indirecte weerstand zijn er voorbeelden van. In het verdere verloop van dit boek zullen we nog diverse maskers bespreken.

Een masker dient als een bescherming of verdediging, waarmee je een bepaald effect wilt bereiken. Stel je eens voor dat iemand in zijn nieuwe baan voor het eerst in contact komt met zijn collega's. Als hij weet dat ze van hem verwachten dat hij initiatiefrijk is, dan kan hij dat gedrag gaan vertonen, om zodoende geaccepteerd te worden. Hij doet zich dan veel initiatiefrijker voor dan dat hij in werkelijkheid is. Het gevolg is dat hij zich uitslooft voor zijn collega's en daarbij tegelijkertijd wél op zijn tenen loopt.

Iemand die zich in een bepaald opzicht anders voordoet dan hij is, loopt het risico na een tijdje door de mand te vallen. Hij kan dat (opgeblazen) iniatiefrijke gedrag niet meer volhouden. Of de initiatieven die hij neemt, zetten geen zoden aan de dijk, omdat het niet echt een sterke kant van hem is.

Soms is maskergedrag nuttig, maar vaak ook niet. Maskergedrag heeft altijd nadelen. Je voelt je immers anders dan dat je je gedraagt en dat is onprettig.

De één vertoont in spannende situaties ter bescherming een overheersend maskergedrag, terwijl de ander dat bijna nooit doet. Als een persoon vaak maskergedrag vertoont, bestaat het risico dat hij na verloop van tijd gaat denken dat hij echt zo is. Hij gaat het masker zien als een wezenlijk deel van zichzelf. Daardoor vervreemdt hij gedeeltelijk van wie hij eigenlijk is. Maskergedrag is dan tot een automatisme geworden dat onbewust plaatsvindt.

Een masker heeft meestal een negatieve uitwerking, hoewel men dat er niet mee beoogt. Zo komt iemand in een sollicatiegesprek in eerste instantie koel of ongevoelig over, als hij (onbewust) het masker van afstandelijkheid op zet. Dat masker bedekt op dat moment de andere kwaliteiten, het ligt er als een laag overheen. Hij komt op deze manier echter niet uit de verf en geeft zichzelf geen eerlijke kans.

In sommige sollicatiegesprekken ervaar ik geen echt contact met de kandidaat. Aangezien er dan vaak sprake is van maskergedrag, probeer ik er achter te komen hoe de sollicitant echt is. Bijvoorbeeld door hem aan het einde van het gesprek te vragen of hij vindt dat hij goed uit de verf gekomen is. Ik heb wel eens meegemaakt dat een sollicitant vervolgens zijn masker afzette en het gesprek een heel andere wending kreeg, tot tevredenheid van beide partijen.

Schaduw

De schaduw bevat zowel eigenschappen die je kent van jezelf als eigenschappen die je niet kent. De eigenschappen uit de schaduw die je kent, wil je niet aan anderen tonen. Het gaat daarbij om vervormingen die je 'slecht' vindt van jezelf en daarom niet aan de buitenwereld wilt laten zien.

Ook zijn er latente kwaliteiten die je wel van jezelf kent, maar die je niet durft in te zetten, bijvoorbeeld omdat je je ervoor schaamt of omdat je bang bent dat anderen er negatief op reageren.

Naast eigenschappen die je niet aan anderen wilt laten zien, bevat de schaduw ook kwaliteiten die je nog niet kent of die je 'vergeten' bent. Als je een kwaliteit geruime tijd niet gebruikt, vergeet je namelijk dat je deze kwaliteit hebt.

In de schaduw bevinden zich ook kwaliteiten die je nog niet kent: een schat aan onontwikkelde mogelijkheden. Ook zijn in de schaduw vervormingen opgeslagen, waarvan je niet (meer) weet dat je die hebt.

Wanneer komt in het leven van alledag onze persoonlijke schaduwkant nu naar voren?[18] In de eerste plaats in situaties waarin we impulsief en ongecontroleerd gedrag vertonen ('Freudiaanse vergissingen'). Eigenschappen van jezelf die je geheim wilt houden, piepen er vaak op een onbewaakt ogenblik uit. Bij sommige mensen gebeurt dat na gebruik van alcohol of andere drugs.

In situaties waarin we ons schamen, worden we ook geconfronteerd met onze schaduw. We vertonen dan gedrag dat niet door ons ego wordt geaccepteerd, en dat daarom tot de schaduw behoort.

Een derde categorie situaties die iets zegt over onze schaduw komt voor wanneer we overdreven reacties vertonen ten opzichte van het gedrag van anderen. Bijvoorbeeld: 'Ik snap niet dat hij zo op de man af iets zegt. Dat doe je toch niet.' Zodra anderen gedrag vertonen dat bij ons in de schaduw zit, reageren we daar meestal op een buitensporige manier op. Meer hierover in paragraaf 4.4.

In probleem- of stress-situaties komen soms ook eigenschappen uit onze schaduw naar voren. Als een noodsituatie alles van ons vraagt, verliezen we vaak de bewuste controle over onszelf.

Aspecten van jezelf die je niet wilt zien, komen vaak terug in dromen. Je hebt dan geen controle over jezelf. De voorbeeldigste mensen hebben vaak de vreselijkste dromen. In het dagelijks leven doen ze erg hun best naar 'hoge' maatstaven te leven. Hun schaduwkant kan dan terugkomen in dromen. Dromen kunnen een ingang zijn om de schaduw beter te leren kennen. Meer hierover in hoofdstuk 6.

Een laatste voorbeeld van een situatie waarin we onze schaduw tegenkomen, is zodra we verliefd worden. Wanneer iemand verliefd wordt, zie je vaak dat zich kwaliteiten ontwikkelen die tot dan toe in de schaduw zijn gebleven. Vaak worden deze kwaliteiten na verloop van tijd een onderdeel van het ego.

Schaduw als leermeester

De schaduw kan ons helpen om meer inzicht in onszelf te krijgen. 'Ken Uzelf' betekent in dit verband ook: 'ken uw schaduw'. Ermee in contact treden, benieuwd en nieuwsgierig zijn naar de inhoud ervan, is daarbij essentieel. Vandaaruit is er de mogelijkheid om ons ego te vergroten en de schaduw te verkleinen. De schaduw wordt nooit helemaal nul, omdat wij onszelf nooit helemaal kunnen kennen. De menselijke persoonlijkheid is te ingewikkeld om door zichzelf begrepen te worden.

In sommige sprookjes komen de verborgen kwaliteiten van de schaduw sterk naar voren. Een duidelijk voorbeeld vind ik het sprookje over de Wildeman[19]. Hier volgt een verkorte versie van dit sprookje.

Een koning had midden in zijn rijk een groot bos. Het bos was gevaarlijk, omdat elke keer als er jagers in gingen, ze er niet meer uit terugkwamen. De koning besloot een groep soldaten het bos in te sturen om hen te laten uitzoeken wat er aan de hand was. Ook deze soldaten keerden niet terug.

Op een dag kwam er een beroemd jager bij de koning op bezoek en hij bood aan het geheim van het gevaarlijke bos te doorgronden. Uiteindelijk stemde de koning daarin toe.

De jager ging het bos in samen met zijn jachthond. Op een gegeven moment stond de hond aan de rand van een plas en blafte. Uit het water kwam onverwachts een gespierde naakte arm, die de hond vast greep en in het water trok.

De jager ging terug naar de koning en kreeg na lang aandringen enkele mannen mee om de plas leeg te scheppen. Na dagen van scheppen ontdekten zij op de bodem van de plas een donkerbruine woesteling, de wildeman. Met de grootste moeite lukte het hen om de wildeman gevangen te nemen. Hij werd in een stalen kooi opgesloten en op het plein van het paleis van de koning neergezet. De wildeman trok veel bekijks.

Op een dag was de jonge kroonprins met zijn gouden bal aan het spelen in de buurt van de kooi van de wildeman, ofschoon zijn ouders hem dit verboden hadden. Op een gegeven moment rolde de bal in de kooi. De prins vroeg de wildeman om de bal terug te geven. De wildeman antwoordde dat hij dat pas zou doen als de prins de kooi zou openmaken. De wildeman vertelde de prins dat hij de sleutel van de kooi in het nachtkastje van de koningin kon vinden.

Na een tijdje besloot de prins om de kooi open te maken. De prins vroeg de wildeman om niet weg te lopen, omdat hij dan straf zou krijgen. De prins besloot vervolgens om met de wildeman mee het bos in te gaan. Later bleek de wildeman eigenlijk een wijze man te zijn. Nog vele jaren gaf hij de prins wijze raad bij het nemen van beslissingen.

De moraal van dit sprookje is dat in de schaduw (vertegenwoordigd door de wildeman) kwaliteiten zitten. Wanneer de schaduw opgesloten is (lees: ontkend wordt), zijn de kwaliteiten ervan niet beschikbaar. Wordt de schaduw vrijgelaten en onderzocht, dan kan deze een belangrijke leermeester worden. De parel kan zo als het ware uit de modder gevist worden.

Schaduw in groepen

Ook binnen groepen is de scheiding tussen ego en schaduw terug te vinden. Net zoals een persoon zijn schaduwkanten heeft, zo heeft een groep of organisatie dat ook. Dat is de collectieve schaduw. Indien iemand binnen de groep het ongewenste schaduwgedrag gaat vertonen, bestaat het gevaar dat de betreffende persoon tot zondebok gemaakt wordt. Hij wordt dan door de overige leden van de groep als een probleemgeval gezien[20].

Een vrouw vertelt: 'In mijn vorige baan werkte ik in een team van zes mensen, waarvan er één de coördinator was. In de hele organisatie werd ontzettend veel geroddeld. In het begin wist ik niet wat me overkwam.
Elke maand hadden we werkoverleg samen met een ander team. Het werkoverleg werd geleid door de leidinggevende van beide teams. Hij was het grootste gedeelte van de tijd aan het woord. Van 'overleg' was geen sprake. Niemand gaf kritiek, men was het overal mee

eens. Echter, buiten het werkoverleg om vertelden mensen pas echt wat ze van dingen vonden. Ook de teamcoördinator deed daar aan mee. Men had veel kritiek op de leiding.

Ik ben iemand die heel open en direct is. Na twee werkoverleggen besloot ik mijn mond open te doen als het weer zou gebeuren.

In het eerstvolgende werkoverleg kwam de baas van beide teams met een voorstel waarop de rest instemmend knikte. Ik nam het woord en ik zei dat de meeste mensen mij voorafgaand aan het werkoverleg verteld hadden dat ze het genoemde voorstel slecht vonden. Niemand reageerde op mijn woorden en de baas concludeerde dat ik me wellicht vergist had.

Na afloop van het werkoverleg zei mijn coördinator tegen mij dat dit het domste was wat ik ooit gezegd had.

Aan het einde van het jaar werd mijn tijdelijke contract niet verlengd. Een duidelijke reden daarvoor heb ik nooit gehoord. Ik denk dat men mij te direct vond en daardoor bedreigend.'

In bovenstaand voorbeeld zijn de kwaliteiten 'openheid' en 'directheid' een onderdeel van de schaduw van de groep. Vertoont iemand dit gedrag, dan is dat bedreigend voor de groep, en dan wordt hij al snel een zondebok. Vaak probeert men hem op een zijspoor te zetten of eruit te werken, in plaats van lering uit zijn gedrag te trekken. De kans is groot dat na een tijdje iemand anders tot zondebok wordt gemaakt.

Men handelt zo op dezelfde manier als de Israëlieten in het Oude Testament. Zij bonden hun zonden symbolisch op een bok en stuurden deze de woestijn in. De bedoeling daarvan was de fouten van het volk op rituele wijze af te voeren, in de hoop dat daarmee het kwaad zou verdwijnen.

Een ander voorbeeld van collectieve schaduw en het maken van een zondebok maakte ik mee tijdens een training vergadertechniek aan een particulier opleidingsinstituut.

Eén van de studenten was sterk emotioneel betrokken bij veel onderwerpen. Tijdens een discussie in de groep liet hij dat ook blijken door emotionele reacties. De rest van de groep keerde zich tegen hem en behandelde hem zonder respect.

In de nabespreking confronteerde ik de groep met hun gedrag. Toen bleek dat binnen hun onderwijsinstituut de norm heerste, dat emoties er zijn om onderdrukt te worden. 'Emotioneel reageren' kwam daarmee in de schaduw van de groep terecht. De student die zijn sterke emoties niet kon onderdrukken, werd de zondebok.

Zondebokken vormen een interessant studieobject als je meer inzicht wilt krijgen in een groep of organisatie. Staat men open voor de boodschap van de zondebok, dan is het een krachtig middel om een groep bij te sturen.

In families is de zondebok terug te vinden in de vorm van het 'zwarte schaap'. Indien in een keurige en behoudende familie een familielid regelmatig dronken is en zich in laat met allerlei 'louche' figuren, dan wordt hij al gauw gezien als een zwart schaap.

De rest van de familie schaamt zich voor deze persoon en zal zijn gedrag in nette bewoordingen veroordelen. Ze kunnen hun energie echter beter besteden aan het onderzoeken van de 'familieschaduw' en aan de bevrijding van de daarin opgesloten kwaliteiten. Deze kwaliteiten komen bij het zwarte schaap op een overdreven wijze naar voren. Dronkenschap kun je zien als een doorgeslagen manier om te genieten van het leven. Wie zich inlaat met figuren uit de onderwereld heeft erg veel lef. Hij loopt immers het risico vroeg of laat tegen de lamp te lopen.

De boodschap van het zwarte schaap voor de rest van de familie luidt in dit geval: geniet meer en toon meer lef.

Hoe strakker het keurslijf waarin een familie zichzelf plaatst, des te groter de kans dat er familieleden zijn die dit als tè benauwend ervaren en buiten de (familie)boot vallen.

4.2. Beelden als hindernis

Een kwaliteit van iemand komt vaak in de schaduw terecht als gevolg van negatieve ervaringen. Stel dat je in een situatie bent waarin van jou de kwaliteit 'spontaniteit' gevraagd wordt. Je beseft dat, maar op het moment dat je spontaan dingen wilt gaan vertellen, is er een stem in jou die zegt: 'Pas op, doe dat niet!' Het is een soort politie-agent in jezelf die je waarschuwt. In dit geval zegt die politie-agent: 'Als je spontaan bent, doe je uitspraken waar je later spijt van krijgt'.

Heb je regelmatig dit soort ervaringen, dan zul je de kwaliteit 'spontaniteit' veel minder gaan gebruiken. Ze komt dan in de schaduw terecht.

Je kunt in bovenstaande situatie twee dingen doen: wel of niet naar de stem van de politie-agent luisteren. Als je spontaan reageert en je krijgt naderhand spijt van hetgeen je gezegd hebt, dan zal de innerlijke politie-agent zeggen: 'Zie je wel, ik had gelijk!'.

In dit voorbeeld is de politie-agent de stem van je beelden. Een beeld is een onjuiste conclusie over hoe de werkelijkheid in elkaar zit, over hetgeen je kunt verwachten in een bepaalde situatie. Het is een voorstelling die niet getoetst is aan de situatie van dat moment. Enkele voorbeelden van beelden zijn:

- 'Als ik teveel voor mezelf opkom, vinden anderen mij niet meer aardig'.
- 'Als je wilt dat iets goed gebeurt, dan moet je het altijd zelf doen'.

- 'Als je om iets vraagt, dan krijg je dat juist niet. Mensen die vragen, worden overgeslagen'.

Het woord 'beeld' gebruik ik dus in een negatieve betekenis. Immers, een onjuist beeld belemmert mensen in hun gedrag. In het dagelijks spraakgebruik heeft het begrip 'beeld' echter ook een positieve betekenis. Zo kun je je een realistisch beeld vormen van een persoon of een situatie.

Onjuiste beelden bevatten 'algemene waarheden' en zeggen dat iets altijd zus of zo is. Het zal duidelijk zijn dat dat niet de realiteit is. Als er sprake is van een beeld, ontbreekt altijd de mogelijkheid tot een persoonlijke (en dus vrije) keuze die afgestemd is op de situatie.

Beelden werken als filters, waardoor je de wereld anders ziet dan dat deze in werkelijkheid is. Als je gevangen zit in een beeld kom je in een schijnwerkelijkheid terecht. Je gelooft echter dat de schijn realiteit is.

Beelden bestaan meestal uit twee componenten[21]: een mentale component in de vorm van een gedachte, en een emotionele component in de vorm van een bepaald gevoel. Heeft iemand als beeld dat zijn ideeën niet uitvoerbaar zijn, dan gaat dat vaak gepaard met een gevoel van moedeloosheid. De ene persoon ondervindt meer hinder van een gedachte, de ander van een gevoel.

Soorten beelden

In de beelden die mensen hebben, is een onderverdeling te maken in vier categorieën. In de eerste plaats zijn dat de beelden die iemand van zichzelf heeft. Soms gaat het om het beeld dat iemand heeft van zijn eigenschappen ('ik heb weinig overtuigingskracht').

Een andere keer heeft een beeld betrekking op het omgaan met specifieke situaties ('als ik in het samenwerken met anderen veel initiatief neem, dan krijg ik het te druk').

De tweede groep zijn de beelden over een ander. Een voorbeeld is: 'Mijn baas kan niet luisteren'.

De derde categorie zijn de beelden over groepen. Voorbeelden daarvan zijn: 'Accountants zijn saai', 'Ambtenaren zijn traag' en 'Verkopers zijn opdringerig'.

De laatste groep zijn de beelden over het leven. Een voorbeeld is: 'Het leven is een tranendal en het zal altijd ploeteren blijven'. Of beelden die gaan over levensthema's als geld, macht en liefde.

Niet al deze beelden zijn even sterk (of vastgeroest). Sommige beelden zijn makkelijk op te heffen, maar andere beelden zijn voor iemand 'heilige huisjes' waar niemand tegenaan mag schoppen. Het zijn voor die persoon waarheden die niet ter discussie staan.

Een voor veel mensen herkenbaar voorbeeld van een situatie waarin zij last hebben van beelden is wanneer ze iets moeten presenteren of een groep toespreken moeten.

Voorbeelden van beelden die dan aanwezig kunnen zijn:
'Ik ben niet in staat een groep te boeien'.
'De luisteraars zullen zeker vragen stellen waar ik geen antwoord op weet en dat is een afgang'.
'Ik zal belangrijke punten wel weer vergeten te vertellen'.

Herkenning van beelden

Hoe herken je nu dat er in een bepaalde situatie sprake is van beelden? Bewustwording van beelden is immers de eerste stap op weg naar het opheffen ervan.

Stel dat een medewerker het volgende beeld van zichzelf heeft: 'In groepen heb ik niets interessants te vertellen'. In een situatie waarin deze medewerker deelneemt aan een werkoverleg, kan zich het volgende afspelen. Iedere keer als die medewerker iets wil zeggen, gaat de stem van zijn beeld spreken en ontstaat er in feite een gesprek binnen hemzelf, dat heel snel door de stem van het beeld 'gewonnen' wordt. Het resultaat is dat de medewerker niets zegt.

Zo'n werkoverleg is voor deze medewerker niet leuk: hij is veel met zichzelf bezig, raakt in verwarring, is niet creatief en kan zich naderhand schuldig gaan voelen omdat hij niet datgene gezegd heeft wat hij echt te zeggen had. Zijn collega's gaan wellicht denken: 'Hij zegt niets, dus hij zal wel niets interessants te vertellen hebben'.

Besluit de medewerker in een volgend werkoverleg toch zijn mond open te doen, dan loopt hij de kans dat de rest van de groep hem niet serieus neemt. Immers hij hakkelt zo, en formuleert ook nog eens zo slecht, dat er inderdaad niets zinnigs uit lijkt te komen. Het beeld dat hij van zichzelf heeft, wordt versterkt. Hij komt zo in een vicieuze cirkel terecht.

Naar aanleiding van het bovenstaande voorbeeld uit de categorie 'beelden over jezelf' kunnen we een drietal kenmerken van beelden op een rijtje zetten. In de eerste plaats ontstaat er de verwarring bij de persoon in kwestie. Er zijn immers twee (of meer) verschillende 'stemmen' in hemzelf die zeggen wat hij moet doen. Soms hoort hij niet eens meer de stem van wat hij eigenlijk wilde zeggen.

Een tweede kenmerk bij beelden is dat de mogelijkheden in die specifieke situatie worden ingeperkt. Je bent net een schilder die nog maar één of twee kleuren ter beschikking heeft om zijn schilderijen te maken. Je sluit een aantal mogelijkheden uit. Je bent niet meer vrij en creatief.

Kenmerkend aan beelden is ook dat er gedachten zijn die steeds terugkomen, die je steeds maar blijven bezighouden. Je bent aan het 'malen'. Je bent verstrikt geraakt in zich herhalende gedachten en daarmee samenhangende gevoelens. Je hersens werken als een grammofoonplaat die blijft hangen.

Beelden zijn vaak heel belastend voor mensen. Een leuk voorbeeld uit de categorie 'beelden over groepen' wordt weergegeven in het volgende Oosterse verhaaltje[22].

Twee boeddhistische monniken liepen over een modderige weg terwijl het stortregende. Op een gegeven ogenblik kwamen ze bij een rivier die buiten zijn oevers was getreden. Daar zat een beeldschoon meisje te huilen.

De ene monnik ging naar haar toe en vroeg wat er aan de hand was. Zij vertelde hem snikkend dat ze aan de overkant moest zijn, maar daar nu niet meer kon komen. De monnik sloeg zijn armen om haar heen, tilde haar op en droeg haar naar de overkant.

De andere monnik volgde. De hele verdere weg zei hij niets. Pas toen ze 's avonds laat bij een tempel aankwamen, kon hij zich niet langer inhouden en zei: 'Wij monniken hebben toch een gelofte afgelegd dat we geen vrouw zullen aanraken, laat staan zo'n jonge en mooie vrouw. Het is vreselijk gevaarlijk je aan zulke verleiding bloot te stellen. Waarom heb je dat gedaan?'

De andere monnik antwoordde: 'Ik liet het meisje daar, maar jij draagt haar nog steeds'.

Beelden en kwaliteiten

Onder invloed van beelden en de daarmee samenhangende gevoelens worden sommige kwaliteiten (deels) geblokkeerd of vervormd. In dit verband zijn er drie mogelijkheden.

Half-latente kwaliteiten worden in sommige situaties wel en in andere situaties niet tegengehouden door beelden. Soms, als zo'n kwaliteit naar buiten wil, zet de politie-agent in jezelf het verkeerslicht op groen, een andere keer op rood.

Latente kwaliteiten worden vrijwel altijd door beelden tegengehouden. De innerlijke politie-agent zegt altijd 'stop' als de persoon zo'n kwaliteit wil inzetten, hij zet het verkeerslicht op rood. De persoon in kwestie kan op twee manieren reageren. Hij trekt zich terug en gebruikt dus geen andere kwaliteit, of hij zet een andere kwaliteit in dan de kwaliteit die eigenlijk nodig of gewenst is

> Eens kwam één van mijn studenten na de les naar mij toe. Zijn probleem was dat hij zich op school niet op z'n gemak voelde. Na hierover een tijdje gepraat te hebben bleek dat de kwaliteit die hij niet durfde te laten zien 'speelsheid' was. Daardoor had hij het gevoel dat hij niet zichzelf kon zijn.
> Hij had het beeld: 'Als ik speels doe, word ik afgewezen'. Hij dacht dat hij wel geaccepteerd zou worden door zich serieus te gedragen. Dit gedrag paste echter niet bij hem, zodat hij zich niet prettig voelde.

Een derde voorbeeld van een negatief effect van beelden op kwaliteiten is, dat beelden het ontstaan van vervormde kwaliteiten in de hand werken. Stel dat iemand het beeld heeft dat hij pas echt zorgzaam is als hij alles voor anderen regelt. Onder invloed van dit beeld slaat de kwaliteit zorgzaamheid al gauw door naar betutteling.

Ontstaan van beelden

Beelden die iemand van zichzelf heeft, kunnen op vier manieren ontstaan. In de onderstaande beschijving ligt de nadruk op de vorming van beelden tijdens de jeugd. In deze periode ontstaan de belangrijkste beelden. Echter, in het latere leven gaat het opbouwen (en veranderen) van beelden ook steeds door.
Beelden ontstaan in de eerste plaats naar aanleiding van pijnlijke ervaringen uit het verleden. Zo'n situatie kan zich voordoen

bij een klein kind dat behoefte heeft aan liefde en aandacht. Laten we aannemen dat de ouders het druk hebben en weinig tijd hebben of nemen voor dat kind. Het kind blijft vragen om liefde en aandacht, bijvoorbeeld door te huilen. Het is heel pijnlijk voor dat kind te merken dat de behoefte waar het voor uitkomt niet vervuld wordt.

Na verloop van tijd gaat het kind (onbewust) een oplossing zoeken voor deze pijnlijke situatie. Deze oplossing bestaat daarin dat het kind een beeld vormt ten gevolge waarvan het anders gaat reageren, waardoor die pijn voortaan vermeden kan worden. In dit geval is het beeld: 'Als je vraagt om liefde en aandacht, word je overgeslagen'.

Het kind prent zichzelf dus in dat het niet slim is aandacht te vragen. Dit beeld kan ook uitgebreid worden tot de algemene opvatting over het leven dat er altijd te weinig is van wat je wenst, dat het leven eigenlijk armoe is.

Ten gevolge van het beeld gaat het kind de pijnlijke situatie vermijden. Tegelijkertijd gaat het kind dit beeld als een algemene waarheid zien. Het zal dat zeer waarschijnlijk ook zijn hele verdere leven blijven doen.

Als het kind een volwassene is geworden, wordt het beeld geactiveerd op het moment dat deze volwassene behoefte voelt aan liefde, aandacht of genegenheid. De volwassene zal onder invloed van dat beeld op een vergelijkbare wijze reageren als in die vroegere kind-situatie. Liefde vragen wordt een verboden terrein, afgebakend door het oude beeld. Net zoals schrikdraad dat doet bij een koe die in een aangrenzende wei wil grazen[23].

De tweede manier waarop iemand een onjuist beeld van zichzelf vormt, is wanneer de ouders hem op een bepaalde manier willen zien en steeds een bepaalde kant van hem bevestigen of belonen, waardoor die kant de overhand krijgt.

Dit proces begint eigenlijk al meteen aan het begin van het leven. Als een mens wordt geboren, is hij een volkomen onbekende voor zijn familie. Hij wordt echter geboren in een familie die al vaststaat: bij een vader en een moeder en misschien broertjes en zusjes die al een bepaalde verhouding met elkaar hebben. Hij komt binnen als iemand die al wel eigen kwaliteiten heeft, maar die eigenheid is nog onbekend voor de omgeving.

Zo'n omgeving heeft soms de neiging het onbekende van een kind zo snel mogelijk in te vullen. Zodra ze bij het kind gedrag zien dat in de richting van hun eigen wensen gaat, gaan ze denken dat het kind zo is. Stel dat het kind heel nieuwsgierig is en vroeg praat en dat de vader journalist is. Hij kan dan gaan denken: 'Mijn kind vertoont kenmerken van een journalist. Wat leuk, dan kiest het later wellicht hetzelfde beroep als ik.' Het gevolg is dat de nieuwsgierigheid en het praten van het kind worden beloond en daarmee gestimuleerd.

Een andere mogelijkheid het onbekende van het kind zo snel mogelijk in te vullen, doet zich voor wanneer men bij het kind trekjes van een ander familielid meent te herkennen. Men denkt dan dat het kind op de betreffende persoon lijkt.

Bovenstaande situaties zijn waarschijnlijk heel herkenbaar en heel gewoon. Het risico is echter dat bepaalde kwaliteiten van een kind hierdoor teveel naar voren worden geschoven en dat het kind zichzelf in de loop van de tijd alleen met die bepaalde kwaliteiten gaat identificeren. Ze gaan een onderdeel vormen van het ego van het kind. Dit kan ertoe leiden dat iemand een onjuist beeld van zichzelf krijgt. Het zelfbeeld komt dan niet overeen met zijn werkelijke persoonlijkheid. Uiteindelijk kiest hij misschien een baan die niet bij hem past.

Een derde manier waarop je een onjuist beeld van jezelf kunt krijgen, is door bepaalde facetten van het gedrag van (één van) je ouders na te doen en vervolgens te gaan denken dat de betreffende eigenschap karakteristiek is voor jezelf.

In veel gevallen zal dat gedrag van de ouder van hetzelfde geslacht zijn, omdat je je daar het makkelijkst mee kunt identificeren.

Een vrouw van 28 jaar vertelt: 'Mijn moeder is iemand die zich altijd groot en sterk houdt. De laatste tijd ben ik erachter gekomen dat ik daarin op haar lijk. Ik stoor me echter ook aan dit gedrag van haar. Het vorig jaar lag ze in het ziekenhuis en de vooruitzichten waren slecht. Ze deed echter alsof er niets aan de hand was. Het zich groot en sterk houden zoals mijn moeder dat doet, ervaar ik meer en meer als een masker. Ten aanzien van haar vraag ik me soms af: wie ben je eigenlijk, achter dat masker? Ik wil graag contact met wie zij werkelijk is.

Tegelijkertijd ontdek ik dat het me groot en sterk houden eigenlijk helemaal niet bij mij past en ik probeer dat steeds minder te doen.'

Een laatste manier waarop een persoon zich soms een onjuist beeld van zichzelf vormt, is onder invloed van normen van de omgeving. In onze samenleving bestaan bijvoorbeeld duidelijke normen over hoe mannen en vrouwen zich behoren te gedragen. Zo moeten mannen zakelijk, nuchter, en zelfverzekerd optreden, en behoren vrouwen flexibel, zorgzaam, en meelevend te zijn.

Mannen en vrouwen die de neiging hebben zich aan de gangbare normen aan te passen, plaatsen de daarbij behorende kwaliteiten op de voorgrond. Andere kwaliteiten raken dan uit beeld. Het gevaar bestaat, dat men naar verloop van tijd gaat denken dat men echt zo is. Men vormt zich een onjuist beeld van zichzelf en laat in zekere zin stukjes van zichzelf 'wegsnijden'. Ter illustratie van dit proces volgt een fragment uit een Griekse mythe over de held Theseus[24].

Theseus is op reis en krijgt regelmatig met kwaadwillende figuren te maken. Op een bepaald moment komt hij bij een vorst, Procrustus. Die onthaalt hem en vraagt hem binnen te komen. Procrustus doet overdreven vriendelijk en Theseus vertrouwt hem niet helemaal. Procrustus geeft hem te eten.

's Avonds komt het moment van naar bed gaan. De vorst leidt hem naar boven in het paleis naar de slaapkamer. Hij begint onderweg in de gang al een beetje te giechelen. Theseus voelt dat het mis gaat en legt zijn hand op z'n zwaard.

Dan blijkt dat Procrustus in de slaapkamer een bed heeft staan, het zogenaamde Procrustusbed. Elke gast die bij hem op bezoek komt, legt hij op dat bed. Vervolgens heeft hij de merkwaardige gewoonte te zeggen: 'Jij moet in dat bed passen'. Niet: 'Het bed moet bij jou passen'. Dus als een gast te klein is, rekt hij hem net zo lang uit totdat hij in het bed past. Is daarentegen een gast te groot, dan snijdt hij hem onder en boven wat bij totdat hij in het bed past.

Wat doet de held Theseus met Procrustus? Hij legt zijn gastheer in het bed. Procrustus past er niet in en Theseus snijdt zijn hoofd en zijn voeten eraf en vervolgt zijn reis.

Deze mythe is ook een symbool voor hetgeen er in families vaak gebeurt. Op basis van de normen in een familie wordt het ene gedrag beloond en het andere gedrag afgekeurd. Ook bepalen deze normen de mate waarin je door de familie geaccepteerd wordt, erbij mag horen. Zo van: dit doe je wel en dat doe je niet. Met sommige kwaliteiten kun je scoren in de familie, andere kwaliteiten kun je beter niet laten zien. Je wordt vaak op straffe van uitsluiting vriendelijk doch dringend verzocht in dit keurslijf (Procrustusbed) plaats te nemen.

Een man vertelt: 'Toen ik een klein jongetje was, had ik sterk de neiging om alles voor mijzelf te houden en goed voor mezelf te zorgen. Mijn ouders vonden dat maar niets en leerden me dat ik eerst voor een ander moest zorgen. In het begin deed ik dat met grote tegenzin. Echter gaandeweg ging het beter en maakte ik me dit gedrag eigen. Ik ging denken dat 'zorgzaamheid' een kwaliteit van mij was.

Een tijd geleden ben ik er achter gekomen dat ik teveel voor anderen zorg en te weinig voor mezelf. Sindsdien probeer ik steeds meer voor mezelf op te komen. In het begin had ik daar wel vaak schuldgevoelens over. Langzamerhand wordt dat minder.'

Omgaan met beelden

Zodra het voor jezelf duidelijk is hoe een specifiek beeld bij jezelf is ontstaan, kun je proberen dit te veranderen. Een hulpmiddel bij het omgaan met beelden die mensen van zichzelf hebben, is de Rationeel Emotieve Therapie van Albert Ellis. Hij maakt onderscheid tussen een gebeurtenis of situatie, de gedachten en fantasieën over deze situatie en de emotionele reactie. Uitgangspunt daarbij is dat een situatie aanleiding kan geven tot een bepaalde irrationele gedachte, een beeld, en dat dit beeld een bepaald gevoel oproept. De gedachte over een bepaalde situatie (het beeld) roept dus het vervelende gevoel op en niet de situatie zelf. Toegepast op sprekersangst: niet de zaal met luisteraars roept de angst op, maar de faalgedachten en fantasieën van de spreker over wat er allemaal mis kan gaan.

Door in te zien dat het beeld niet juist (irrationeel) is en het om te zetten in een rationele gedachte kan men anders tegen de situatie aan gaan kijken en deze situatie ook anders gaan beleven. De gedachte: 'Het is een ramp als ik een fout maak tijdens mijn presentatie', is een irrationele gedachte. Een voorbeeld van een rationele gedachte voor deze situatie is: 'Een fout maken is vervelend, maar geen ramp'.

De theorie over rationeel denken is een nuttig hulpmiddel als het gaat om relatief oppervlakkige beelden. Bij diepgewortelde beelden, waarbij sterke gevoelens een rol spelen, is deze theorie meestal niet toereikend. In dat geval speelt het zogenaamde overdrachtsmechanisme vaak een rol. Meer hierover in de volgende paragraaf.

Het is ook van belang te weten hoe je kunt reageren op beelden van anderen. Daarbij zijn drie stappen te onderscheiden. Allereerst moet je onderkennen dat er bij de ander sprake is van een beeld. Dat is soms niet zo eenvoudig.

De tweede stap is dit beeld te onderzoeken. Je wilt gewoon weten hoe de ander precies denkt en welke conclusies hij daaraan verbindt.

De derde stap is de onjuistheden in het beeld ter sprake brengen en nagaan of de ander bereid is deze recht te zetten en zo zijn beeld los te laten of te veranderen. Vaak duurt het een tijdje voordat iemand zover is.

Soms is het beeld van de ander niet eens onjuist, maar ontstaan er misverstanden omdat twee mensen een verschillend beeld hebben van een begrip of een situatie. Ken je elkaars beelden, dan kun je daar rekening mee houden.

> Een adviseur in de melkveehouderij vertelt: 'Tijdens een gesprek met een melkveehouder merkte ik dat hij het heel belangrijk vond een zo hoog mogelijke melkproduktie per koe te behalen. Op de vraag waarom dit zo belangrijk voor hem was, antwoordde hij: 'Ik vind mezelf een betere ondernemer naarmate ik erin slaag mijn koeien meer melk te laten produceren'.

Mijn eigen beeld over een goede ondernemer ziet er heel anders uit: het is iemand die een zo goed mogelijk financieel resultaat boekt.

Het gevolg van het verschil in inzicht tussen mij en de klant was, dat wij het niet eens konden worden over de richting van het advies. Ik heb geprobeerd de ondernemer te overtuigen van de voordelen van mijn manier van kijken. Dat lukte niet. Vervolgens heb ik hem twee mogelijke adviezen voorgelegd: het ene was gebaseerd op zijn beeld over een goede ondernemer, het andere op het mijne. Zo toonde ik begrip voor zijn standpunt, maar was ik ook duidelijk over het mijne.

Een maand later kwam ik opnieuw bij de ondernemer. Hij had mijn advies opgevolgd en hij zei dat hij het ondernemerschap nu ook anders zag.'

Naast het bespreken van beelden die mensen hebben van specifieke begrippen of situaties is het vaak nog belangrijker de beelden die ze van elkaar hebben te bespreken. Het beeld dat je hebt van een persoon waarmee je samenwerkt, heeft meestal ook gevolgen voor de wijze waarop je die persoon benadert.

Als je denkt dat de ander wel tegen een stootje kan, ben je wellicht minder genuanceerd bij het geven van kritiek. Is die samenwerkingspartner in werkelijkheid echter heel gevoelig, dan zal hij veel last hebben van jouw ongenuanceerde commentaar.

Bespreking van het beeld dat je van elkaar hebt, kan leiden tot veranderingen in de wijze waarop je elkaar benadert. De onderlinge verstandhouding verbetert dan.

4.3. Overdracht

Beelden kunnen een sterke invloed uitoefenen op het gedrag van mensen. Dit is met name het geval bij het overdrachtsmechanisme. Dit mechanisme stuurt de communicatie tussen mensen behoorlijk in de war.

Overdracht in algemene zin houdt in dat je ervaringen die je in het verleden hebt opgedaan, automatisch overdraagt naar huidige situaties[25]. Dientengevolge reageer je ook op huidige situatie zoals je dat in het verleden deed. Je herhaalt als het ware de eerdere gebeurtenis. De vroegere ervaring is meestal een situatie uit de jeugd, maar deze kan ook betrekking hebben op een latere leeftijd.

Het overdragen van de oude ervaring op de huidige situatie vindt meestal automatisch plaats, zonder dat je je daar zelf van bewust bent. Dat maakt het moeilijk de overdracht te herkennen en er iets aan te veranderen.

Een studente vertelt: 'Tijdens mijn stage werkte ik samen met vier andere meiden aan een opdracht. Door privé-omstandigheden was onze begeleider niet vaak op kantoor aanwezig. Hij had weinig tijd voor ons. Als hij er was, stonden de andere vier meiden bij hem in de rij met allerlei vragen. Zelf had ik ook een aantal vragen, maar ik trok me terug en probeerde zelf de antwoorden te zoeken.

Tijdens de evaluatie van de stage zei de begeleider dat ik te weinig gebruik gemaakt had van zijn deskundigheid, en dat hij dat jammer vond. Ik was het met hem eens.

Een tijdje later, toen ik bekend raakte met het mechanisme van overdracht, realiseerde ik mij dat mijn gedrag naar de begeleider toe een overdrachtsreactie was. Ik reageerde op dezelfde wijze op mijn begeleider als dat ik dat deed naar mijn ouders toe.

De situatie tijdens de stage was vergelijkbaar met de thuissituatie. Zo lang ik me kan herinneren hebben mijn ouders een accountantskantoor aan huis. Ze waren altijd thuis, maar ze waren niet beschikbaar. Ik mocht niet voor elk akkefietje bij hen aankloppen en ik moest mijn eigen boontjes doppen. Als het druk was, heerste deze sfeer heel sterk in huis.

Nu ik weet waar de neiging om teveel mijn eigen boontjes te doppen vandaan komt, probeer ik daar aan te werken. Dat valt echter tegen. Het oude gedrag is zo ingebakken, dat het moeilijk is daar in één keer uit te stappen. Bewust zijn is een eerste belangrijke stap.'

In de meeste gevallen is bij overdracht het gedrag hetzelfde als in de oude situatie, maar soms kan ook een geheel andere of tegenovergestelde reactie optreden. Deze reactie is net zo goed een reactie vanuit onvrijheid.

Een man vertelt: 'Bij het op een rijtje zetten van voor mij moeilijke gesprekssituaties heb ik als voorbeeld genomen een situatie waarin een ander mij commandeert. Daar kan ik niet tegen. Als iemand tegen mij zegt: 'Jij moet dit of dat doen', dan doe ik het niet, simpelweg omdat die ander zegt dat het moet.

Het gaat zelfs zo ver, dat ik het toch niet doe als hetgeen de ander mij opdraagt hetzelfde is als hetgeen ik zelf al van plan was!

Inmiddels ben ik er achter gekomen dat dit gedrag een gevolg is van de manier waarop ik vroeger op mijn vader reageerde. Hij commandeerde mij altijd. Als kind gehoorzaamde ik hem, maar nu ik volwassen ben, reageer ik op een precies tegenovergestelde wijze.'

Overdracht en autoriteit

Overdrachtsmechanismen ontstaan vaak in relatie tot sleutelfiguren in de jeugd. Vaak zijn dat de ouders, maar het kunnen ook ooms of tantes, oma's of opa's, oudere broers of zussen of leraren zijn.

Overdracht treedt meestal op in een situatie waarin je iemand als autoriteit ervaart. Dus wanneer jij de ander hoger plaatst dan jezelf of wanneer de ander in werkelijkheid (hiërarchisch gezien) boven jou staat. De reden daarvoor is dat je in je kindertijd ook de mindere was van bijvoorbeeld je vader of je moeder.

Wanneer je nu in een situatie terecht komt waarin je iets van een ander gedaan wilt krijgen, kun je jezelf onbewust ook weer gaan opstellen alsof je de mindere bent. Je hebt de neiging de oude kinderverhouding tot de gezagsdragers te gaan herhalen.

Ook als je verliefd op iemand wordt, bevind je je in een hiërarchische situatie. Je kijkt immers op een bepaalde manier tegen die ander op. Je wilt dat die ander ook verliefd op jou wordt.

Heb je als kind geleerd je uit te sloven voor je ouders om op die manier goedkeuring te krijgen, dan heb je wellicht de neiging om dat in deze situatie ook te doen. Je stelt je heel afhankelijk op en je vraagt je bij alles wat je doet af: zou die ander dat leuk vinden?

Als je je daar teveel op richt, ga je voorbij aan jezelf. Je kunt je beklemd gaan voelen. Bovendien kan de persoon waar je verliefd op bent jou maar een uitslover gaan vinden, met als gevolg dat die ander jou helemaal niet ziet zitten!

Ook werksituaties lenen zich bij uitstek voor het herhalen van kindergedrag of het kopiëren van oudergedrag. Dit geldt uiteraard het sterkst voor hiërarchische werkverhoudingen.

Kenmerken van overdracht

Veel mensen vinden het moeilijk om het verschijnsel 'overdracht' te herkennen bij zichzelf, met name omdat het een onbewuste reactie is. Om het herkennen te vergemakkelijken volgt nu een aantal mogelijke kenmerken van overdracht. De onderstaande kenmerken gelden meestal, maar niet altijd. Vaak houden ze verband met elkaar of liggen ze in elkaars verlengde.

Hoe meer van de onderstaande kenmerken in een communicatiesituatie voorkomen, des te groter de kans is dat er daadwerkelijk sprake is van overdracht. Enkele belangrijke kenmerken van overdracht zijn[26]:

1. *Onvrij voelen in plaats van vrij.* Je gedraagt en voelt je niet vrij[27]. Je gedrag wordt bepaald door je beelden en het is daardoor dus voor die situatie van tevoren al bepaald. Zo zei een cursist eens: 'Als een ander op zijn strepen gaat staan, ga ik daar altijd dwars tegenin'.

Bij overdracht voel je je op een bepaalde manier geblokkeerd. Dat betekent dat er ook een onprettige spanning is in het contact. Deze spanning zou je ook niet verwachten op basis van de inhoud van het contact op dat moment.

In sommige situaties is er spanning in het contact, omdat het over spannende dingen gaat. Dan hoeft er geen sprake te zijn van overdracht.

2. *Reactief in plaats van actief gedrag.* Als je actief reageert, dan reageer je echt vanuit jezelf, waarbij je ook rekening houdt met de situatie. 'Actief reageren' betekent dat je jezelf als beginpunt neemt en dat je datgene wat je wilt zeggen, heel serieus neemt. Je stelt je onafhankelijk op.

Als je reactief bent, laat je je gedrag bepalen door de ander en ga je je dus heel afhankelijk van die ander opstellen. Bij overdracht is dit het geval. Je past je meer aan dan dat je eigenlijk wilt, omdat je iets wilt bereiken bij die ander.

Er zijn twee vormen van reactief gedrag. Bij de ene vorm wacht je af tot de ander iets gezegd heeft en pas je je daaraan aan.

De andere mogelijkheid is dat je niet afwacht, maar dat je reageert op basis van hetgeen je denkt dat de ander gaat doen of wat de ander van jou verwacht. Je past je aan door te proberen de ander voor te zijn. Het motto is dan: aanval is de beste verdediging.

3. *Gedrag past niet bij de situatie.* Als iemand niet vanuit overdracht reageert, reageert hij op een manier die bij de situatie past. Bij overdracht is de reactie meestal ingehouden (of onderkoeld), dan wel overdreven (of oververhit).

> Een vrouw vertelt: 'In mijn eerste baan werkte ik mee aan een marktonderzoek. Na een tijdje werd mij duidelijk dat ik nogal wat kritiek had op de wijze waarop het onderzoek was opgezet. Ik besloot mijn commentaar aan de projectleider voor te leggen. Hij reageerde op arrogante toon. Ik kreeg het gevoel dat hij niet echt luisterde naar wat ik zei. Ik begon te huilen en liep weg.
> Naderhand vroeg ik me af waarom ik zo overdreven had gereageerd. Na een tijdje besefte ik dat de projectleider op dezelfde wijze reageerde als mijn vader vroeger deed.
> In mijn puberteit gebeurde het vaak dat mijn vader mij bekritiseerde en mij ergens onterecht de schuld van gaf. Hiermee was ik het meestal niet eens. Ik probeerde regelmatig mijn standpunt uit te leggen. Echter, wat ik ook zei, nooit was het goed. Mijn mening telde helemaal niet mee. Om mijn vader te laten merken wat ik van zijn gedrag vond, ging ik huilen en liep ik weg.
> De volgende dag ben ik naar de projectleider toe gegaan en ik heb hem mijn reactie uitgelegd. Hij vertelde dat hij geschrokken was van mijn huilbui, en dat hij blij was dat ik hem deze toelichting gegeven had.'

4. *Negatieve kindreacties.* Als er sprake is van overdracht, reageer je meestal op de situatie zoals een kind reageert dat zich niet vrij voelt. Dat komt omdat je de overdracht meestal hebt ontwikkeld in relatie tot je ouders of anderen die in je kindertijd een belangrijke invloed op jou hadden.

Twee soorten reacties zijn mogelijk: je reageert als een opstandig óf als een aangepast (braaf) kind[28]. Bij de reactie als opstandig kind zie je de ander als negatief en zijn er gevoelens van antipathie, wantrouwen of haat. Je gaat ervan uit dat de ander jou slecht zal behandelen en geen rekening met jou zal houden. Je stelt je zelf op overeenkomstig de negatieve reactie die je verwacht van de ander. Deze vorm van overdracht heet 'negatieve overdracht'[29].

Reageer je als een aangepast kind, dan ervaar je de ander als positief, en zijn er gevoelens van sympathie, bewondering of genegenheid. Dit wordt 'positieve overdracht' genoemd. Je plaatst de ander op een voetstuk en verwacht dat deze je altijd zal helpen. Je hebt de kinderlijke verwachting dat de ander wel zal aanvoelen wat jij wilt, zonder dat je dat zegt. Je wordt vervolgens boos als dat niet gebeurt.

De omschrijving 'positieve overdracht' klinkt positiever dan 'negatieve overdracht', maar het is een reactie die net zo goed onvrij is en dus in feite net zo negatief als negatieve overdracht. Bovendien is overdreven lief en vriendelijk gedrag vaak een masker waarmee de boosheid, die in de schaduw zit, wordt afgeschermd.

Positieve en negatieve overdracht kunnen tijdens het contact met iemand tegelijkertijd voorkomen of in elkaar overgaan.

5. *Indirect reageren in plaats van direct.* Bij overdracht kan indirecte communicatie meespelen, als je bewust niet zegt wat je eigenlijk wilt zeggen. In dat geval kun je overdracht ook herkennen aan signalen van indirecte communicatie.

6. *Geblokkeerde kwaliteiten.* Als je jezelf bent, zet je die kwaliteit

in die op dat moment nodig is. Als je gevangen zit in het overdrachtsmechanisme, doe je dat niet of op een onjuiste manier.

Bij overdracht laat je je meestal leiden door beelden in plaats van door kwaliteiten. Andersom geldt meestal niet: slechts bij een gedeelte van de beelden die iemand heeft, is er sprake van het overdrachtsmechanisme. Aan beelden zijn vaak gevoelens gekoppeld. Soms komt het echter voor dat je het beeld dat bij de betreffende overdrachtssituatie hoort niet kent, maar dat er alleen een gevoel is waardoor je geblokkeerd raakt.

Soms raakt bij overdracht slechts één kwaliteit in de knel, maar vaak zijn dat er meerdere. In veel gevallen kun je per kwaliteit die geblokkeerd is, aangeven welk beeld daarbij een rol speelt. Het beeld zegt rechtstreeks iets over een bepaalde kwaliteit. Bijvoorbeeld: 'Als je direct bent, vinden ze je niet aardig'.

Tegenoverdracht

Als een ander in het contact met jou vanuit overdracht reageert, is het heel verleidelijk om zelf het spelletje mee te gaan spelen, en vanuit tegenoverdracht te reageren. Degene die vanuit tegenoverdracht reageert, wordt ook afhankelijk en voelt zich ook onvrij. Hij reageert aan de hand van zijn eigen verleden. Zijn gedrag is vaak een kopie van het gedrag van zijn ouders in de situatie waarin hij kind was.

Bij tegenoverdracht ga je in op de eisen die van de ander komen die vanuit overdracht reageert. Een vrouw bijvoorbeeld die in het verleden ervaren heeft dat mannen niet trouw zijn, zal regelmatig aan haar man vragen: 'Zul je altijd bij me blijven?'. Stel dat de man negatieve ervaringen heeft met conflicten en die kost wat kost wil vermijden. Dan reageert hij vanuit tegenoverdracht door te zeggen: 'Wees maar niet bang, ik zal altijd bij je blijven'. Terwijl hij eigenlijk zou willen zeggen: 'Ik weet het niet, we zullen wel zien hoe de dingen lopen'.

Als je vanuit tegenoverdracht reageert, ben je jezelf niet op dat moment. Meestal reageer je te hard of te aardig, je geeft teveel of te weinig waardering, je confronteert de ander niet of buitensporig.

Een oud-studente vertelt: 'In het laatste jaar van mijn studie werd ik verliefd op een docent. Ik durfde hem dat niet te vertellen, maar ik probeerde wel op allerlei manieren zijn aandacht te trekken. Na de les bleef ik regelmatig om hem heen hangen, met als smoesje een vraag over de lesstof. Ook probeerde ik allerlei dingen over zijn privéleven te weten te komen.

Gaandeweg werd hij steeds onaardiger naar mij toe. Hij zette mij regelmatig voor schut in de klas en hij was erg kritisch als ik een vraag stelde of een opmerking maakte. Ik vond dat vervelend. Ook andere klasgenoten was het onvriendelijke gedrag van de docent opgevallen, en ze vroegen zich af wat er aan de hand was.

Na enkele maanden was mijn verliefdheid over. Tijdens het examenfeest na afloop van de diploma-uitreiking ben ik naar de docent toe gegaan en ik heb hem gevraagd waarom hij zo vervelend naar mij toe had gedaan. Hij vertelde dat hij in de gaten had gehad dat ik hem heel sympathiek vond en dat dat wederzijds was, maar dat hij totaal niet overweg had gekund met de situatie. Daarom was hij zo vervelend gaan doen.'

In het bovenstaande voorbeeld reageerde de studente volgens mij vanuit overdracht en de docent vanuit tegenoverdracht. Een vraag die wellicht opkomt naar aanleiding van dit voorbeeld is: Hoe bepaal je in een gesprek tussen twee mensen, wie vanuit overdracht reageert en wie vanuit tegenoverdracht? Uitgangspunt hierbij is dat degene die begint, vanuit overdracht reageert. Tegenoverdracht is dan een reactie op overdracht.

In veel gevallen reageert de persoon die begint als een kind dat iets van een ander gedaan wil krijgen. Hij kijkt op de een of andere manier op tegen de ander, zoals een kind dat kan doen naar de ouders toe.

De persoon die vanuit tegenoverdracht reageert, neemt dan heel makkelijk de positie van een ouder in. Hij heeft de neiging neer te kijken op de ander, zoals een ouder dat soms doet naar een kind. Deze ouderrol kan twee vormen aannemen: die van een bestraffende of van een lieve ouder.

Reageert men als een bestraffende vader of moeder, dan raakt men buiten proportie geïrriteerd door het gedrag van diegene die vanuit overdracht reageert. Men vindt het dan moeilijk om de echte kritiek constructief te uiten.

Als men de lieve ouder gaat spelen, dan doet men alsof men het beste met de ander voor heeft. Men vindt het dan vervelend om grenzen te stellen of te confronteren, omdat men bang is de sympathie van de ander te verliezen.

Reacties vanuit overdracht en tegenoverdracht kunnen elkaar oproepen. Zo overkomt het mij wel eens dat een student iets van mij gedaan wil krijgen, en zich daarbij gedraagt als een kind dat iets aan zijn ouders gaat vragen. Dit gedrag kan mij uitnodigen om de goede vader te gaan spelen en in te stemmen met het verzoek van de student.

Overdracht in relaties

Het overdrachtsmechanisme komt vaak voor in partnerrelaties en kan een ernstige bedreiging vormen voor de continuïteit van een relatie. De keuze van een partner geeft al een richting aan waarin mogelijke overdrachtsreacties gezocht kunnen worden. In veel gevallen vertoont de partner sommige van de trekjes die één van de ouders ook heeft. Daarmee is de valkuil aanwezig om naar hem toe precies zo te reageren als dat men naar de ouder toe doet waar de partner het meeste op lijkt.

Op het moment dat je partner zo'n trekje vertoont, kun je je als een kind gaan gedragen, omdat je je partner als ouder gaat zien. Jouw kindgedrag kan bij je partner vervolgens ook oudergedrag oproepen. Een relatie tussen geliefden kan zo op bepaalde punten een ouder-kindrelatie worden.

In veel relaties ontstaan na verloop van tijd overdrachtspatronen, waardoor een van beide partners zich onvrij gaat voelen. Je weet immers van elkaar welk gedrag wel en welk gedrag niet gewaardeerd wordt. Het niet gewaardeerde (maar wel eigene) gedrag ga je op een gegeven moment achterwege laten. De betreffende kwaliteiten komen in de schaduw terecht. Je kunt een deel van jezelf niet meer kwijt in de relatie. Schellenbaum[30] geeft dit in onderstaand verhaaltje weer.

'Dicht bij een school op het platteland nestelden in het nabijgelegen kleine bos wielewalen. De kinderen leerden de fluitende roep van het mannetje met zijn prachtige geelgroene veren na te doen. Op die manier lukte het hun een wielewaal te lokken, die de roep van de kinderen beantwoordde.

Dit spelletje ging zo door tot augustus. Toen trokken de wielewalen naar het zuiden en ze werden pas weer eind april terugverwacht. Maar op een dag midden in februari hoorden de kinderen tot hun verbazing de roep van de wielewaal. Ze beantwoordden die en er ontstond weer een tijdje een levendig zangspel. Op zekere dag zagen de kinderen de vogel. Het was geen wielewaal, maar een spreeuw, die de roep van de wielewaal nabootste en op die manier met de kinderen in contact wilde komen.

Om uitwisseling en samenspel te bereiken werd de spreeuw een wielewaal. Althans, hij had zijn stemgeluid veranderd en die roep geleerd, waarop hij antwoord kreeg.'

Veel mensen die een relatie aangaan, zijn als die spreeuwen, die wielewalen worden. Ze passen zich aan aan de melodie van de partner en doen alsof die van henzelf is. Wat naar buiten toe lijkt op harmonie, berust op een gedeeltelijke onderdrukking van de eigen kwaliteiten. Het gevolg ervan is dat ook de dynamiek, het leven, gedeeltelijk uit de relatie verdwijnt. Het wordt saaier met elkaar.

Dit kan een bedreiging voor de relatie worden. Een signaal in die richting is vaak, wanneer een van beiden verliefd wordt op een ander. Door die ander worden de betreffende kwaliteiten die in de schaduw lagen, meestal wel gewaardeerd. Je kunt bij die ander gedrag vertonen wat je bij je partner niet (meer) kunt.

Verliefdheidsgevoelens kunnen zo een aanleiding zijn eens stil te staan bij je relatie en de erin geslopen overdrachtsmechanismen eruit te halen. Stilstaan bij dit mechanisme kan natuurlijk ook vóórdat je verliefd wordt op een ander!

Bevrijding uit overdracht

Als je erachter bent gekomen dat je in een bepaalde situatie vanuit overdracht reageert, dan stop je meestal niet meteen vanzelf met dit gedrag. Soms is daarbij (professionele) hulp nodig. Dat komt met name omdat er bij overdracht sterke gevoelens meespelen. Deze gevoelens maken het moeilijk om objectief naar jezelf te kijken.

De beelden die een rol spelen in de overdrachtssituatie kun je verstandelijk relatief makkelijk ontzenuwen, maar het is vaak veel moeilijker om met de (negatieve) gevoelens om te gaan.

Soms blijven mensen hun leven lang gevangen in een bepaald overdrachtsmechanisme. De één heeft daar wel last van, de ander niet, omdat hij de betreffende situaties vermijdt.

De eerste stap om uit de overdracht te geraken is het bewust worden ervan. Vaak is dat al een hele opluchting. Je snapt tenminste waarom je in een bepaalde situatie reageert zoals je reageert.

In het jezelf bevrijden van de overdrachtsreactie kun je meestal twee stappen onderscheiden. De eerste stap is het inhoudelijk vrij worden. Dat betekent dat je gaat zeggen wat je te zeggen hebt. Daarbij heb je vaak nog wel last van de stemmetjes van je beelden, van je innerlijke politie-agent. Maar je kiest ervoor je daar niet meer door te laten tegenhouden.

Soms levert dat lastige situaties op. Het kan bijvoorbeeld betekenen dat je terugkomt op iets dat je beloofd hebt, omdat die belofte een reactie vanuit overdracht was.

De tweede stap is gevoelsmatig vrij worden. Ook al durf je te zeggen wat je wilt zeggen, dat betekent niet dat je je ook vrij voelt. Meestal duurt het nog een tijd voor je zover bent. Tot die tijd reageer je gevoelsmatig nog steeds vanuit de overdracht, terwijl je inhoudelijk al vrij reageert.

Om los te komen uit de overdracht helpt het vaak de situatie te kennen waarin de overdracht ontstaan is en daarmee actief aan de slag te gaan. Je kunt proberen de gevoelens opnieuw te beleven, stukje bij beetje te verwerken, en dan los te laten.

Vaak echter blijft de oorzaak van een overdrachtsmechanisme verborgen, omdat de situatie waarin de overdracht ontstaan is, niet meer te achterhalen is, of omdat de minder prettige eigenschappen van de ouders - zeker als deze overleden zijn - bedekt blijven.

Praten met familieleden over hoe het vroeger was, maakt het makkelijker om een beeld te krijgen van de situatie waarin de overdracht ontstaan is. De schuldvraag is daarbij niet van belang: ouders hebben immers vanuit hun beste weten gehandeld.

Helderheid over de vroegere gebeurtenissen is nodig om de huidige situatie waarin de overdracht voorkomt, los te koppelen van de vroegere situatie waarin die overdracht ontstaan is.

Een vrouw vertelt: 'Sinds ik een betaalde baan heb, nu zo'n 10 jaar, heb ik steeds in meerdere of mindere mate problemen met mijn baas. Een tijd geleden kwam ik erachter waar die problemen mee te maken hadden.

Ik liep door een haven en zag boten uitvaren. Een beeld van vroeger kwam terug, waarbij wij als gezin ook gingen varen. Soms wekenlang, omdat mijn vader dat wilde. Ik realiseerde me hoe vaak ik daarvan gebaald heb. Wekenlang verblijven in de kleine ruimte van zo'n boot. Gaandeweg besefte ik dat mijn vader eigenlijk een heel autoritaire man was. Alles moest zoals hij dat wilde. Er was geen ruimte voor meningen en initiatieven van onze kant. Dat heeft me veel pijn gedaan.

Enkele jaren geleden is mijn vader overleden. Daarvoor was hij jarenlang ziek. Tijdens zijn ziekteperiode is hij zachter en toegankelijker geworden. Daardoor was ik vergeten hoe hij vroeger was.

In de week voorafgaande aan bovenstaande ontdekking voelde ik me heel verdrietig op mijn werk. Elk initiatief mijnerzijds werd door mijn baas de grond in geboord. In het contact met hem ging ik daardoor kwaliteiten als spontaniteit en onderscheidingsvermogen niet meer inzetten. Mijn collega's zeiden: 'Trek het je niet aan, hij is nu eenmaal zo'. Maar dat kon ik niet.

Nu besef ik dat mijn baas van nu precies zo reageert als mijn vader vroeger deed. De pijn die ik nu voel, is voor een groot deel 'oude' pijn.

De volgende vraag was: hoe ga ik met deze situatie om? Van een vriend kreeg ik het advies om alles wat ik mij kon herinneren over hoe het vroeger bij ons thuis ging, op te schrijven en stil te staan bij de gevoelens die dat bij mij zou oproepen. De pijn voelen. Ook heb ik er diverse keren met mijn zus over gesproken.

Gaandeweg kon ik beter het onderscheid maken tussen het gedrag van mijn vader vroeger en van mijn baas nu. Ook kon ik inzien dat ik niet meer het afhankelijke kind van vroeger was. Langzamerhand lukt het mij naar mijn baas toe meer mezelf te zijn en gewoon mijn kwaliteiten weer in te zetten.'

Conflicten in gezagsverhoudingen (bijvoorbeeld tussen leidinggevende en medewerker) zijn vaak terug te voeren op het mechanisme van overdracht en tegenoverdracht. Inzicht in dit mechanisme kan helpen om deze conflicten op te lossen.

Een vraag die cursisten regelmatig stellen is: Wat kun je doen op het moment dat je meent te constateren dat een ander naar jou toe vanuit overdracht reageert? Dat hangt van de situatie af. Is die ander je partner of iemand die dichtbij je staat, dan is het meestal verstandig om het gedrag van de ander te bespreken. In een leersituatie kan dat ook heel nuttig zijn.

In werksituaties is het contact met de ander vaak niet van dien aard, dat overdracht bespreekbaar is.

Het komt regelmatig voor dat er een verband bestaat tussen overdracht en indirecte weerstand uit het vorige hoofdstuk. In sommige situaties is de indirecte weerstand een overdrachtsreactie. Dat is het geval als iemand in een bepaalde situatie altijd reageert met een bepaalde vorm van indirecte weerstand. De kans is dan groot dat dit gedrag een herhaling is van een vroegere negatieve ervaring.

4.4. Projectie

Overdracht kan als effect hebben dat bepaalde kwaliteiten regelmatig geblokkeerd raken en wellicht zelfs in de schaduw terechtkomen. Een deel van jezelf komt dan niet aan bod.

Met de schaduw is iets merkwaardigs aan de hand. Zoals we gezien hebben zijn mensen geneigd hun schaduw weg te stoppen, zowel voor zichzelf als voor de omgeving. Ze proberen de ongewenste eigenschappen van zichzelf te 'vergeten' en ze hopen dan dat die eigenschappen vanzelf zullen gaan verdwijnen. Dit is een grote vergissing. Eigenschappen van jezelf die je niet wenst of niet (meer) kent, projecteer je op anderen.

'Projectie' betekent dat je eigenschappen, verwachtingen, gevoelens of denkbeelden van jezelf onbewust aan anderen gaat toeschrijven[31].

Je kunt het vergelijken met het projecteren van een dia: je ziet een afbeelding op de muur (de omgeving), maar het plaatje zit in de projector (jijzelf). Jouw plaatje projecteer je op de ander, maar die ander hoeft datgene wat jij aan hem toedicht helemaal niet te hebben. Je eigen binnenwereld kom je dus in de buitenwereld tegen.

Stel dat je zelf heel pietluttig bent en dat je daar een hekel aan hebt. Je probeert die eigenschap weg te stoppen bij jezelf. Dan denk je dat anderen jou ook een pietlut vinden. Bovendien projecteer je je eigen ongenoegen over die eigenschap ook op anderen: je vindt pietluttige mensen onsympathiek.

Manieren van projectie

Er zijn verschillende manieren waarop je dingen van jezelf op anderen kunt projecteren. Op drie manieren wil ik verder ingaan. Bij de eerste twee gaat het om projectie van eigenschappen uit de schaduw. Bij de derde manier gaat het om het projecteren van beelden van jezelf op anderen.

De eerste manier houdt in, dat je eigenschappen die je negatief vindt aan jezelf en die je weggestopt hebt, gaat bestrijden in andere mensen die die eigenschappen ook hebben. Je bent zelf bot en hebt een hekel aan botte mensen. Of je hebt een hekel aan mensen die niet zichzelf zijn, terwijl je dat zelf vaak ook niet bent.

Een vrouw vertelt: 'Mijn oma en ik lijken erg op elkaar. Het verschil is dat zij sommige vervelende eigenschappen niet wegstopt maar gewoon uitleeft, terwijl het mij meestal lukt om ze te verbergen. Als ik bij mijn oma ben terwijl zij zo doet, erger ik mij daar ontzettend aan. Ik kan niet te lang bij haar blijven. Doe ik dat wel, dan word ik zelf ook onaardig.'

Het onderbrengen van de ongewenste eigenschappen bij anderen voorkomt kritisch zelfonderzoek. Bij sommige mensen roept de confrontatie met hun eigen ongewenste eigenschappen bij anderen zoveel weerzin op, dat ze de betreffende personen proberen te ontwijken.

Een tweede manier waarop projectie naar voren kan komen, is door een latente kwaliteit van jezelf onbewust aan een ander toe te schrijven. Je voelt sympathie voor een persoon die de betreffende kwaliteit goed ontwikkeld heeft. In het contact met die ander bestaat er voor jou de mogelijkheid die latente kwaliteit in jezelf verder te ontwikkelen. Dat is ook de reden waarom je de ander zo sympathiek vindt en je het leuk vindt bij die ander te zijn. Jouw plezier in het contact wordt veroorzaakt doordat een latente kwaliteit bij jou verder wordt wakker gemaakt en gestimuleerd.

Ben je op deze manier een latente kwaliteit op het spoor gekomen, dan is aan jou de uitdaging ervoor te zorgen dat de kwaliteit zich verder ontwikkelt. Dat betekent dat je de kwaliteit ook gaat gebruiken in situaties waarbij de sympathieke persoon niet aanwezig is. De sympathieke persoon heeft als het ware een vuurtje bij jou aangestoken en de kunst is om nu zelf dat vuurtje brandende te houden.

De derde manier van projecteren is dat je denkt dat anderen jou zien zoals jij jezelf ziet: je projecteert beelden over jezelf op anderen. Dit gebeurt grotendeels onbewust en het heeft gevolgen voor hoe jij je gedraagt. Zie je jezelf als iemand die altijd vrolijk is, dan zul je ook denken dat anderen jou zo zien en dit gedrag van jou verwachten. Je zult de neiging hebben steeds vrolijk te doen.

Op momenten dat je je anders zou willen gedragen, maar dat niet doet vanwege de beelden die je op anderen geprojecteerd hebt, is je gedrag meestal een masker. Je voelt je anders dan dat je je gedraagt.

> Een studente vertelt: 'In onze familie werd en wordt heel veel gepraat. Stilte kennen we niet. Ik dacht tot voor kort dat ik iemand was die altijd wel een praatje wilde maken als er een ander bij mij in de buurt was. Wanneer ik in de keuken was en er medebewoners van de studentenflat aanwezig waren, dan deed ik dat ook altijd wel. Bovendien dacht ik dat anderen dat praatje van mij verwachtten. Zo van: zij is iemand die er altijd vrolijk op los klept. Ik ging praten om aan dat beeld te voldoen.
>
> Laatst kwam ik er achter dat ik het ook prettig vind om af en toe mijn mond te houden. Toen ik dat ging uitproberen voelde ik me daar wat ongemakkelijk bij. Eén van de medebewoners zei op een gegeven moment tegen mij: 'Wat ben je stil. Ben je ziek of zit je ergens mee?' Ik vertoonde immers ander gedrag dan wat men van mij gewend was.
>
> Ik heb uitgelegd hoe het zat en dat ik me soms anders voordeed dan ik me voelde. De ander had er begrip voor. Van toen af aan was het makkelijker om alleen te praten als ik daar behoefte aan had. Dat voelt een stuk vrijer.'

Naast het projecteren van eigenschappen en beelden van jezelf op anderen, kun je dat ook doen met (negatieve) ervaringen of meningen. Als jij een hekel hebt aan afwassen, dan denk je vaak dat dit bij anderen ook zo is.

Een ander voorbeeld van projectie is dat iemand een hekel heeft aan een ander. Hij projecteert op die ander door te denken dat die ander hem ook wel niet zal mogen.

Ook je eigen angsten kun je onbewust op anderen projecteren. Jij zegt dan bijvoorbeeld tegen een ander: 'Jij durft vast niet ...'. Dat doe je omdat je zelf bang bent. Je schuift de verantwoordelijkheid voor je eigen gevoelens van je af en plaatst deze op de rekening van de ander.

De bovenstaande voorbeelden van projectie veroorzaken veel verwarring in de communicatie met anderen.

Projectie als kans

Projectie kan gezien worden als een signaal van een (tijdelijk) verstoorde balans in onszelf[32]. Deze verstoring wordt soms veroorzaakt door overdrachtspatronen. Dit is met name het geval indien als gevolg van deze patronen bepaalde eigenschappen van onszelf in de schaduw terecht zijn gekomen. Deze eigenschappen zijn we vervolgens op anderen gaan projecteren.

Het waarnemen van onze eigen projecties is dus een manier om overdrachtspatronen op het spoor te komen. Het verschijnsel overdracht verloopt immers meestal onbewust, waardoor we er moeilijk zicht op krijgen.

Door middel van onze projecties krijgen wij de kans het verstoorde evenwicht binnen onszelf weer te herstellen. Als we bewust met projectie omgaan, helpt dit mechanisme ons de schaduw stukje bij beetje te onthullen. De eigenschappen die in de schaduw opgesloten zijn, kunnen we zo gaandeweg integreren.

Integratie van hetgeen afgescheiden is, gaat niet altijd even makkelijk. Vooral als het om eigenschappen gaat die we heel ver weggestopt hebben bij onszelf. Zodra we deze eigenschappen in de omgeving tegenkomen, roept dat sterke afkeuring bij ons op.

Eigenschappen die we minder ver weggestopt hebben, zijn veel gemakkelijker te integreren, omdat het om eigenschappen gaat waarmee we iets (meer) willen doen. Dat is vooral het geval als we latente kwaliteiten van onszelf bij een ander tegenkomen.

Als een eigenschap uit de schaduw naar het ego komt, verandert het ego. Er ontstaat een nieuw evenwicht. Een schaduwaspect wordt geïntegreerd en de neiging om deze eigenschap op anderen te projecteren verdwijnt. Bovendien zal men ook minder last hebben van de negatieve emoties die met de schaduwkant samenhangen.

Het vraagt vaak heel wat moed om jouw projecties onder ogen te zien. En te beseffen dat daar waar je naar de omgeving wijst, je ook naar jezelf wijst. De omgeving is dan een spiegel waarin je jezelf tegenkomt.

De volgende stap is hetgeen je in deze spiegel ziet, ook daadwerkelijk op jezelf te betrekken. Door middel van deze spiegel ontmoet je niet de persoon die je denkt te zijn, maar de mens die je bent.

Veel mensen vinden het in eerste instantie vervelend als ze met het projectiemechanisme geconfronteerd worden. Het zinnetje 'wat je zegt dat ben je zelf' uit hun kindertijd blijkt heel wat op te roepen.

Je leermeesters zoeken in hen die je het meest irriteren ligt niet zo voor de hand. Het besef dat in mensen waarmee je het moeilijk hebt, meestal een schaduwaspect van jezelf als 'geschenk' aanwezig is, gaat er bij veel mensen maar moeilijk in. Een cursist verwoordde zijn ergernis hierover als volgt: 'Het is toch te gek om los te lopen dat jíj degene bent die zou moeten veranderen als je je erg stoort aan een ander'. Dat hoeft uiteraard niet. De keuze is aan degene die het aangaat.

Eerste indrukken en projectie

Het verschijnsel projectie kunnen we op allerlei manieren tegenkomen in het dagelijks leven. Eén daarvan is het contact met onbekenden. Een onbekende krijgt altijd een eerste indruk van jou, of je dat nu wilt of niet. Die eerste indruk kan vrij neutraal zijn, maar het is wel degelijk een eerste indruk. Anderen reageren op een bepaalde manier op jou door die eerste indruk.

Ben je je ervan bewust welke eerste indruk anderen van jou hebben? Wat is het effect daarvan op de wijze waarop anderen jou benaderen? Soms kun je maatregelen nemen om de negatieve effecten van de eerste indruk op te heffen.

> Een cursist vertelt: 'Een tijdje terug ben ik er achter gekomen dat onbekenden als eerste indruk van mij hebben, dat zij makkelijk over mij heen kunnen lopen. Dat is heel vervelend, zeker ook in zakelijke situaties. Toen ik dit wist, kon ik maatregelen nemen. Wat ik nu doe, is dat ik vrij snel de leiding in het gesprek neem en mij assertief opstel. De ander krijgt zo minder de kans over mij heen te lopen. Bovendien wordt die negatieve eigenschap uit de eerste indruk dan snel gecorrigeerd.'

Wat geldt voor de eerste indruk die jij bij een ander wekt, geldt uiteraard ook andersom. Jij laat jouw gedrag ook vaak beïnvloeden door de eerste indruk die je van een ander krijgt. Zolang je je niet teveel gaat aanpassen, is dat voor jezelf geen probleem.

Drie belangrijke gevaren schuilen in eerste indrukken. Het eerste gevaar is dat ze zeer onvolledig blijken te zijn en dat de belangrijkste kwaliteiten en vervormingen van iemand pas later naar voren komen. Dan is iemand heel anders dan de eerste indruk deed vermoeden.

Sommige mensen vertonen in het eerste contact een overheersend maskergedrag, bijvoorbeeld van vriendelijkheid of afstande-lijkheid. Deze maskereigenschappen kunnen de andere kwalitei-ten en vervormingen soms helemaal onzichtbaar maken. Een af-standelijk iemand komt zo in eerste instantie onsympathieker over dan hij in feite is, een vriendelijk persoon net andersom.

Het tweede gevaar dat in eerste indrukken schuilt, is dat er sprake is van projectie. Aan een onbekende vallen je vaak eerst de sterke en minder sterke (schaduw-) kanten van jezelf op.

Een derde gevaar is dat je denkt: hij of zij lijkt wel op een per-soon die ik ken. En vervolgens ga je de onbekende benaderen op de manier waarop je de jou wèl bekende persoon benadert. Tevens heb je dan de neiging deze onbekende de kwaliteiten en vervor-mingen toe te dichten van de jou bekende persoon.

Projectie op onbekenden vindt makkelijk plaats, omdat de an-der nog blanco is voor jou. Je eigen projecties maken een eerste indruk onbetrouwbaar, tenzij je jezelf goed kent en je de realiteit kunt onderscheiden van je eigen invullingen.

Projectie en feedback

Projectie staat effectieve communicatie in de weg. Je (voor-) oor-delen hebben immers weinig van doen met de personen op wie je ze betrekt. Heel wat sollicitatiegesprekken en kansen op de rela-tiemarkt raken zo bedorven. Ook situaties waarin mensen willen leren van de feedback van anderen raken vertroebeld.

Feedback kan voor een groter of kleiner deel projectie zijn. Als feedback projectie is, zegt die feedback vaak meer over de feed-backgever dan over diegene voor wie de feedback bestemd is.

Toen ik voor het eerst besefte dat bij feedback projectie een rol kan spelen, ging ik kritischer naar feedback kijken. Feedback zon-der projectie noem ik 'schone' (objectieve) feedback. Feedback met projectie 'vervuilde' (subjectieve) feedback. Het komt regelmatig voor dat mensen zich gekwetst voelen door 'vervuilde' feedback.

Bekendheid met het projectiemechanisme maakt het makkelijker deze feedback te relativeren.

Inzicht in het verschijnsel projectie helpt je je eigen objectiviteit te vergroten, doordat je beter leert te onderscheiden wat met jou te maken heeft en wat met de ander. Vanuit dit onderscheidingsvermogen kun je enerzijds ophouden anderen te belasten met dingen die puur jezelf aangaan, anderzijds kun je gemakkelijker afstand nemen van hetgeen een ander op jou projecteert.

Een belangrijke vraag is: hoe kun je 'schone' en 'vervuilde' feedback van elkaar onderscheiden? Punten die je daarbij kunnen helpen zijn:
1. Wordt de feedback met emotionele bewogenheid (irritatie, afweer of heftigheid) gebracht? Zo ja, dan is er meestal sprake van projectie. Je ziet ook dat deze feedback weerstand oproept bij de ontvanger. Het gevolg daarvan is dat de inhoud van de feedback niet meer overkomt.
2. Zelfkennis. Als je jezelf redelijk goed kent, dan kun je beoordelen of de feedback al dan niet klopt.
3. Kennis van de ander. Naarmate je de ander beter kent, kun je ook beter inschatten in hoeverre de feedback die de ander geeft projectie is.
4. Openheid in de relatie. Dan kan de feedback besproken worden, zodat het makkelijker is te onderscheiden of het om 'schone' of 'vervuilde' feedback gaat.

Onderzoek de feedback die je ontvangt op juistheid. Soms lijkt feedback meer met de gever te maken te hebben dan met de ontvanger. Dat is echter geen reden om projectie als een excuus te gebruiken om de feedback niet te hoeven onderzoeken.

Ook is het zinvol de feedback die jij geeft te onderzoeken. Wanneer deze emotioneel geladen is, kun je iets leren over je eigen projecties.

Opdrachten

1. Bekijk het schema op blz. 53. Omschrijf voor jezelf zoveel mogelijk welke eigenschappen (kwaliteiten en vervormingen) er in je ego zitten en welke in je schaduw.

2. Welke kwaliteiten van jezelf zet je in het werk niet in, maar in de vrije tijd wel? Hoe komt dat? Wat zou het effect zijn als je die kwaliteiten op het werk wél zou gebruiken?

3. Hoe zien ego en schaduw eruit van de organisatie waar jij voor werkt? Wat zijn de effecten daarvan op de wijze waarop mensen met elkaar omgaan?

4. In welke specifieke situaties zet jij meestal een masker op? Hoe gedraag je je dan? Ga per situatie na wat er zal gebeuren als je dan je ware gezicht laat zien.

5. Ga na welke beelden anderen van jou hebben. Wat is het effect daarvan voor de manier waarop zij zich gedragen naar jou toe?

6. Welke kwaliteiten en vervormingen van jezelf plaats jij makkelijk op de voorgrond? Welke kwaliteiten en vervormingen van jezelf laat je niet zo makkelijk zien aan anderen? Kun je dit in verband brengen met gedrag dat tijdens je jeugd meer of minder gewaardeerd werd in jou?

7. Welke zijn jouw (half-) latente kwaliteiten? Ga per kwaliteit na in welke situatie je die niet durft in te zetten. Probeer per kwaliteit erachter te komen welk beeld het inzetten van die kwaliteit belemmert.

8. Schrijf enkele gesprekssituaties op waarbij je je onzeker of bang

voelt. Ga per situatie na of er hierbij één of meerdere beelden in het spel zijn. Hulpzinnen daarbij zijn: ik moet mezelf of anderen...; ik wil (niet)...; ik mag (niet)...

9. Heb je onlangs in een gesprekssituatie iets nieuws gedaan, een kwaliteit ingezet die je in die situatie meestal niet inzet? Welk beeld moest je daarvoor aan de kant zetten?

10. Zijn er situaties waarover je je schuldig voelt of waarbij je achteraf een hekel had aan je eigen gedrag? Beantwoord per situatie de volgende vragen:
a. Wat heb je toen gedaan of gezegd?
b. Wat had je willen doen of zeggen?
c. Welk beeld weerhield je daarvan?
d. Was er sprake van een bepaalde kwaliteit die je niet inzette?
   Zo ja, welke?

11. Maak een tekening die voor jou het leven voorstelt. Welke beelden over het leven kun je hieruit afleiden? Wat is het effect ervan op jouw gedrag?

12. Zijn er personen waarbij je je niet vrij voelt? Hoe reageer je op die persoon? Ga na of er sprake is van overdracht. Als dat zo is: welke kwaliteit van jezelf dien je in te zetten om je weer vrij te voelen?

13. Welke eerste indruk denk je dat een onbekende van jou krijgt in de eerste halve minuut van het contact? Noem twee kwaliteiten en twee vervormingen. Wat is het effect daarvan op de gesprekspartner?

14. In hoeverre verschilt de eerste indruk van de indruk die later ontstaat als de ander jou beter kent? Welke kwaliteit(en) komen erbij? Welke vervorming(en) komen erbij of verdwijnen?

15. Bedenk twee voorbeelden van beelden over jezelf die je op anderen projecteert. Wat is het effect ervan op jouw gedrag?

5

KARAKTERSTRUCTUREN

In het contact met je medemens is het van belang hinderlijk gedrag van de ander te kunnen plaatsen en er op adequate wijze op te reageren. Het is daarbij handig wanneer je een andere persoon snel kunt inschatten. Een hulpmiddel hierbij is de theorie over karakterstructuren. Psychotherapeut Alexander Lowen heeft daar veel onderzoek naar gedaan en hij heeft deze structuren ook in diverse boeken beschreven[33].

In dit hoofdstuk staan een vijftal karakterstructuren centraal. Karakterstructuren zijn vormen van overdracht vanwege het feit dat de oude situatie automatisch wordt herhaald of overgedragen op de huidige situatie. Aan de hand van karakterstructuren zijn overdrachtspatronen makkelijker te herkennen bij onszelf en bij anderen.

Evenals bij overdracht raken bij karakterstructuren sommige kwaliteiten geblokkeerd. In dit hoofdstuk ligt de nadruk op de beschrijving van de verschillende karakterstructuren en hoe je ermee kunt leren omgaan.

5.1. Karakterstructuur als automatisme

Een karakterstructuur is een samenhangend geheel van beelden, gedragspatronen, gevoelens en lichamelijke kenmerken, die meestal een reactie zijn van het individu op pijnlijke situaties uit het verleden[34]. Het is een verdediging tegen het gevaar dat je tegenkomt in je leven. Het is als het ware een fort dat je als kind of als volwassene opbouwt om te voorkomen dat je gekwetst wordt. Dat is heel verstandig op dat moment.

101

Het opbouwen van een karakterstructuur heeft echter ook nadelen. Het jezelf afschermen heeft als gevolg dat jou geen pijn meer gedaan kan worden. Het contact met de omgeving raakt hierdoor echter ook verstoord. Je komt in een isolement terecht. Vaak ben je je hier niet van bewust.

Een karakterstructuur is het gevolg van een in de knel geraakte psychische basisbehoefte. Elk mens heeft een aantal basisbehoeften, bijvoorbeeld geaccepteerd te worden zoals je bent en in vrijheid keuzes kunnen maken. Wanneer het individu deze behoefte tot uitdrukking brengt en de omgeving daar negatief op reageert, is dat pijnlijk en frustrerend voor deze persoon. Als dit regelmatig gebeurt, zal hij wegen gaan zoeken om die pijn te vermijden. In plaats van de behoefte te uiten zal hij ander gedrag gaan vertonen. Hij gedraagt zich anders dan hij zou willen. Dit gedrag wordt 'maskergedrag' genoemd. Elke karakterstructuur heeft zo zijn eigen maskergedrag. Dit gedrag wordt door de persoon zelf vaak niet als zodanig ervaren, omdat het een automatisme is.

Zo kan bijvoorbeeld de behoefte aan hulp en steun gefrustreerd zijn, omdat de omgeving hulp vragen een teken van zwakheid vindt en erop reageert met vernedering ('wat een belachelijke vraag'). De norm is in dat geval dat je sterk moet zijn en alles zelf moet kunnen. Het individu ontwikkelt als reactie daarop een wantrouwige houding naar de omgeving toe en hij heeft de neiging alles in zijn omgeving in de gaten te houden. De wantrouwige houding is dan het maskergedrag dat de plaats inneemt van de oorspronkelijke behoefte aan hulp en steun.

Het begrip 'karakterstructuur' heeft een andere betekenis dan het woord 'karakter' in het dagelijks spraakgebruik. Mensen zien het karakter van iemand als zijn 'aard' en beschouwen deze als onveranderlijk. Bij een karakterstructuur gaat het om een neiging die iemand heeft in een specifieke situatie automatisch een bepaald maskergedrag te vertonen. Het masker is alleen de buitenkant van het karakter en niet het meest wezenlijke deel ervan. Ten gevolge van dit maskergedrag komen belangrijke kwaliteiten van de betreffende persoon in de verdrukking.

Wanneer manifesteert zich een karakterstructuur bij iemand? In het algemeen in situaties die voor die persoon lastig zijn of stress-situaties. In een gesprek kan een karakterstructuur op een bepaald moment de kop op steken en later ook weer verdwijnen. Welke situaties voor iemand moeilijk zijn, is onder andere afhankelijk van zijn vroegere ervaringen. Als een huidige situatie lijkt op de vroegere pijnlijke situatie, wordt de karakterstructuur geactiveerd en vertoont de persoon het bijbehorende gedrag.

Alexander Lowen onderscheidt vijf karakterstructuren[35]. In de onderstaande beschrijving heb ik gebruik gemaakt van de indeling van Lowen. De namen van de verschillende structuren heb ik veranderd. Ik vind ze niet zo bruikbaar omdat ze de indruk wekken dat er iets zeer ernstigs aan de hand is met de persoon die een van deze structuren heeft. Dat valt echter wel mee. De begrippen die ik gekozen heb zijn: de afwezige (schizoïde), de onverzadigbare (orale), de opofferende (masochistische), de afstandelijke (rigide) en de wantrouwige (psychopathische) karakterstructuur. De benamingen van Lowen staan tussen haakjes.

Een vraag die mensen regelmatig stellen over karakterstructuren is: is de omgeving de enige oorzaak voor het ontstaan van een bepaalde karakterstructuur? Het uitgangspunt is, dat de gevoeligheid voor een bepaalde pijnplek al (latent) aanwezig is als een mens geboren wordt. Door de invloed van de omgeving wordt deze pijnplek geactiveerd ('manifest') en ontwikkelt zich een bepaalde karakterstructuur[36]. Het valt buiten het kader van dit boek hier verder op in te gaan.

Het uitgangspunt dat de gevoeligheid voor een karakterstructuur latent aanwezig is, verklaart ook waarom kinderen binnen eenzelfde gezin vaak verschillende karakterstructuren ontwikkelen. In

een gezinssituatie waarin er bijvoorbeeld weinig aandacht is voor de kinderen, heeft het ene kind daar meer last van dan het andere. Ouders weten ook vaak niet hoe een kind hun gedrag ervaart.
Je kunt de omgeving dus niet de schuld geven van een karakterstructuur die je hebt. Wel heeft de omgeving een behoorlijke invloed op de mate waarin een structuur zich ontwikkelt.

In de volgende paragrafen worden de verschillende karakterstructuren beschreven aan de hand van de volgende vragen:
• Welke omstandigheden maken een latent aanwezige karakterstructuur manifest? De nadruk ligt daarbij op de omstandigheden tijdens de jeugd. Soms echter ontwikkelt een structuur zich tijdens de adolescentie.
• Hoe kun je de structuur herkennen? Bij elke structuur is uitgegaan van de zuivere vorm. Het gevolg daarvan is, dat de beschrijving hier en daar wat extreem kan aandoen.
De belangrijkste lichamelijke kenmerken van een structuur komen ook aan de orde. De overheersende structuur bij een persoon is vaak via lichaamsbouw en uitstraling terug te vinden in het lichaam.
• Hoe kun je bij jezelf omgaan met een structuur?
• Welke (latente) kwaliteit ligt verborgen achter het masker van een structuur?
• Hoe ga je om met een bepaalde karakterstructuur bij anderen?
In bijlage II zijn in een overzicht de belangrijkste kenmerken van de karakterstructuren opgenomen.

Zelden zal iemand alle kenmerken van een structuur bij zichzelf herkennen. Dat betekent ook dat eenzelfde structuur bij verschillende mensen op een iets andere manier naar voren kan komen.
Veel mensen hebben van elke structuur wel iets. Het is ook mogelijk dat één structuur eruit springt. Soms ligt de ene structuur als een laagje over de andere heen.

Het is voor sommige mensen moeilijk te beoordelen welke structuur op dit moment het meest op hen van toepassing is. Om te voorkomen dat je door de bomen het bos niet meer ziet, is het nuttig de rode draad van elke structuur, namelijk een in de knel gekomen primaire behoefte, steeds voor ogen te houden.

5.2. Afwezige structuur

De eerste behoefte van een kind dat op de wereld komt, is er te mogen zijn, gewenst te zijn, geaccepteerd te worden zoals het is. Een mensenkind wil graag met open armen ontvangen worden. Dan is het mogelijk de fundamenten te leggen voor zijn 'ik', voor de ervaring uniek te zijn en een eigen, speciale plek in te nemen op deze wereld.

Voor een baby betekent 'er mogen zijn' vooral: bewegen en geluid maken. Immers, praten en denken is er voor het kleintje nog niet bij.

Sommige ouders hebben wel eens moeite met de dynamiek en de levenslust van het kind. Of ze kunnen niet tegen het gehuil van hun baby. Het kind kan dan het gevoel krijgen dat het 'teveel' is, dat het er niet mag zijn, of dat het rustiger moet zijn.

Een andere mogelijkheid is dat de omgeving niet op het kind zit te wachten. Een ongewenst kind zijn is een extreme vorm daarvan. Dat ongewenst zijn kan echter ook veel subtieler liggen, bijvoorbeeld wanneer het kind een meisje is terwijl een jongetje meer gewenst was. Of wanneer een vrouw een kind wenst om haar eenzaamheid op te lossen of om voor vol aangezien te worden.

Het ongewenst zijn kan ook een onbewuste houding van de ouders zijn. Sommige vrouwen die voor de eerste keer zwanger zijn, vinden het heel eng een kind in zich te voelen. Er is veel vertrouwen nodig om het onbekende lichaam dat zich in de vrouw ontwikkelt, echt toe te laten.

Zo ontwikkelt de afwezige structuur zich bij een kind dat hiervoor aanleg heeft. Het kind trekt zich dan terug in zijn eigen wereld.

Een persoon met een afwezige structuur voelt zich onzeker en is bang voor afwijzing wanneer hij in een nieuwe situatie terecht komt. Zo'n nieuwe situatie kan een persoon, een groep of een organisatie zijn. Hij is steeds op zoek naar zekerheid, veiligheid en bevestiging.

Vragen die een persoon met een afwezige structuur zich dan stelt, zijn bijvoorbeeld:

'Zouden ze datgene wat ik zeg wel serieus nemen?'

'Zou het me lukken om een eigen plek te krijgen in deze groep?'

Iemand met een afwezige structuur heeft de neiging steeds aan zichzelf te bewijzen recht van bestaan te hebben. Als hij werkloos wordt, kan dit veel angst oproepen. Het is niet alleen de angst de eigen kwaliteiten niet kwijt te kunnen, maar ook de angst geen eigen (werk)plek meer te hebben.

De onzekerheid van een persoon met de afwezige structuur heeft als gevolg dat hij de neiging heeft zich op de achtergrond te houden of zich terug te trekken. Hij vraagt zich soms af: 'Wat heb ik hier te zoeken, wat doe ik hier?'.

Als je met zo iemand in gesprek bent, heb je de indruk dat de ander niet meer 'bij de les' is. Hij lijkt afwezig en kan ongeïnteresseerd overkomen. Ogen kunnen in het niets kijken, een zogenaamde 'lege' blik, en de betreffende persoon kijkt je nooit lang aan.

Andere lichaamskenmerken zijn: een houterige manier van bewegen en koude voeten.

Concentratieproblemen komen vaak voor bij mensen met deze structuur. Het kost dan veel moeite dingen echt tot zich door te laten dringen.

Contact houden met de realiteit is soms een hele opgave. De neiging bestaat in de eigen droomwereld te blijven vertoeven.

Enkele jaren geleden had ik een student waarbij de afwezige structuur heel duidelijk overheerste. Als ik iets aan het uitleggen was aan de groep, gebeurde het regelmatig dat hij ineens met een vraag kwam, terwijl ik halverwege een zin was. Die vraag had dan betrekking op iets waar ik een kwartier eerder over gesproken had. Nadat ik de student hierop attent had gemaakt, was het in het vervolg zo, dat, elke keer als dit weer gebeurde, de groep en zeer spoedig daarna gelukkig de student zelf ook begonnen te lachen. Hij zei: 'Als je om je eigen tekortkomingen kunt lachen, wordt het leven een stuk aangenamer.'

Als je deze structuur hebt, is het van belang dat je leert jezelf serieus te nemen en je te realiseren dat je een eigen plek hebt op deze wereld. Te beseffen dat je bestaansrecht hebt, simpelweg omdát je bestaat. Dat je jezèlf welkom kan heten daar waar je bent, in plaats van afhankelijk te zijn van het feit of een ander je al dan niet welkom heet. Je mag er zijn met al je eigen-aardigheden. In plaats van jezelf als minderwaardig te beschouwen, kun je inzien dat je evenveel waard bent als andere mensen.

Naast te beseffen dat je er mag zijn, is het ook van belang te zorgen dat je je veilig voelt en thuisvoelt bij jezelf. Dat kun je doen door je eigen grenzen te stellen en te bewaken. Binnen deze grenzen voel je je veilig.

Een latent aanwezige kwaliteit zou bijvoorbeeld 'creativiteit' kunnen zijn. Jezelf serieus nemen, betekent ook de vele ideeën die je hebt serieus nemen, door ze aan anderen te vertellen en er iets mee te doen. In plaats van ze voor jezelf te houden en te denken dat ze niet belangrijk zijn.

Een man die aan het leren is om te gaan met de afwezige structuur bij zichzelf, vertelt: 'Als jongetje op de lagere school voelde ik me vaak buiten de groep staan. Ik keek toe wanneer de andere kinderen met elkaar speelden en hield me afzijdig. Vaak vertoefde ik in mijn eigen wereldje.

Achteraf gezien heb ik zelf ook weinig moeite gedaan om erbij te horen. Als je zo klein bent, besef je dat echter nog niet. Ook later, op de middelbare school, kreeg ik regelmatig te horen dat ik erg afwezig was.

Met mijn lichaam had ik niet zo veel contact. Ik at vaak teveel en nam te weinig beweging. Door de jaren heen begon ik steeds meer last te krijgen van mijn afwezigheid, onder andere doordat ik veel dingen vergat. Ik was er gewoon niet bij met mijn aandacht. Ik merkte ook dat ik veel behoefte had aan echt contact met anderen.

Een tijdje geleden besloot ik iets aan mijn afwezigheid te gaan doen. Ik ben begonnen het contact met mijn lichaam te verbeteren door er beter voor te gaan zorgen. Dat doe ik door regelmatig te sporten en te wandelen, en door mijn eetgedrag aan te passen.

Ik zeg vaker wat ik vind, in plaats van te denken: 'Laat maar zitten, het is niet belangrijk'. Ik merk dat collega's op mijn werk dat erg prettig vinden. Ik heb meer en beter contact met hen dan vroeger.'

Hoe kun je nu het beste omgaan met iemand met een afwezige structuur? Het is hierbij essentieel de ander serieus te nemen en te accepteren. Samenvatten en spiegelen (het teruggeven van gevoelens om te laten merken dat je de ander aanvoelt) is daarbij van belang. Geef ook jouw reactie op hetgeen de ander zegt en doet. Hij kan zich namelijk niet voorstellen dat hij enig effect heeft op een ander.

Daarnaast is het van belang de ander te helpen dingen concreet op een rijtje te zetten, te ordenen. De persoon met de afwezige structuur doet vaak nogal chaotisch. Je kunt hem helpen door de ideeën die hij heeft samen te onderzoeken en vervolgens praktisch in te vullen.

Ook dien je de ander een duwtje te geven bij het actief worden in het gesprek, bijvoorbeeld door door te vragen. Zo kun je voorkomen dat hij afhaakt. Dat vraagt geduld. Regelmatig mist de persoon met de afwezige structuur stukjes van jouw verhaal, waardoor jij dingen twee keer zult moeten uitleggen.

5.3. Onverzadigbare structuur

Na de behoefte gewenst te zijn is er een tweede fundamentele behoefte: de behoefte om voedsel, aandacht en warmte te ontvangen. Dus alles wat de veiligheid en de groei van het kleine kind kan bevorderen.

Het kind zegt eigenlijk steeds: 'Ik heb je nodig'. Om eten te geven, om te knuffelen, etc. Het gaat om zowel fysieke als emotionele voeding.

In sommige situaties is er te weinig tijd voor het kind. Bijvoorbeeld wanneer de ouders het heel druk hebben met hun werk, of als er nog andere kinderen zijn. Het is ook mogelijk dat de kwaliteit van de aandacht onvoldoende is, omdat de ouders niet goed weten hoe ze met het kind om moeten gaan of omdat ze vermoeid zijn. Met andere woorden: soms is er wel liefdevolle aandacht, soms niet; de ene keer zijn de ouders er helemaal voor het kind, de andere keer zijn ze er met hun hart niet bij of met hun gedachten ergens anders. In de beleving van het kind is er geen duurzaamheid en waarschijnlijk is er te weinig aandacht.

Het kind ervaart een tekort aan dingen die voor hem van essentieel belang zijn. Om dit probleem op te lossen gaat het kind met minder genoegen nemen en doen alsof het genoeg heeft. Echter, tegelijkertijd blijft het gevoel van tekort aanwezig en het kind geeft de omgeving daarvan de schuld. Dit laatste wordt niet uitgesproken, maar is vaak wel voelbaar. Bovendien gaat het kind via allerlei omwegen toch proberen het tekort aan te vullen. In zo'n geval kan zich een latent aanwezige onverzadigbare karakterstructuur ontwikkelen.

Kenmerkend voor mensen met een onverzadigbare karakterstructuur is dat ze de neiging hebben zichzelf te vergelijken met anderen vanuit een fundamentele angst voor een tekort. Vaak durven mensen met deze structuur niet uit te komen voor hun wensen, uit angst dat de omgeving deze niet zal vervullen. Ze hebben het beeld dat mensen die vragen, overgeslagen worden, en dus vragen ze maar niet meer.

Ze hebben een gevoel van innerlijke leegte en ze zijn bang dat er niet genoeg voor hen is. Ze zijn snel jaloers en ontevreden als ze het idee krijgen dat een ander meer heeft. Ze hebben het gevoel dat het leven armoe is. Omdat ze denken dat er nooit genoeg is, zijn ze onverzadigbaar. Ze proberen wel steeds het tekort op te vullen. Dat heeft als gevolg dat ze vaak moeilijk maat weten te houden met alles wat ze tot zich kunnen nemen: eten, drinken, roken, informatie of aandacht van anderen. De moeite met de juiste maat houden is vaak ook zichtbaar in het omgaan met geld: ze geven óf teveel uit óf ze potten het op.

Het uiterlijk gedrag van een persoon met de onverzadigbare structuur is soms het tegenovergestelde van 'ik heb je nodig', namelijk: 'ik heb je niet nodig, ik heb genoeg'. Onderhuids voel je echter dat dit niet waar is, en dat hij op allerlei manieren probeert om bijvoorbeeld meer aandacht van jou te krijgen. Je kunt dan het gevoel krijgen dat je het niet goed doet, dat je nooit aan zijn behoeftes kunt voldoen. Bij de persoon met de onverzadigbare structuur is er dus een basishouding van gulzigheid, die soms niet direct geuit wordt.

Mensen met een onverzadigbare structuur stellen zich vaak afhankelijk van anderen op, omdat ze niet geloven dat ze zelf kunnen voorzien in de dingen die ze nodig hebben. Ze denken dat ze niet zonder de ander kunnen en ze zijn bang voor eenzaamheid en verlies. Afscheid nemen vinden ze vervelend en dat stellen ze dan ook het liefst zo lang mogelijk uit.

Het effect op de ander is dat deze zich leeggezogen voelt: de onverzadigbare structuur zuigt als het ware ongemerkt de accu van de ander leeg en krijgt daardoor energie. Dat geeft slechts een tijdelijke opleving, waardoor de neiging om leeg te zuigen blijft bestaan. Mensen met een onverzadigbare structuur zijn vaak vermoeiend voor hun omgeving.

Een ander kenmerk van de onverzadigbare structuur is het gebrek aan discipline. De neiging bestaat de dingen die gedaan moeten worden zo lang mogelijk uit te stellen. Of zich niet aan afspraken te houden en daar vervolgens een smoesje voor te verzinnen.

De luiheid, die karakteristiek is voor deze structuur, heeft als gevolg dat ze anderen zoveel mogelijk willen laten doen. Soms veroorzaakt dat problemen.

Bij de analyse van de samenwerking binnen een team bleek één van de problemen te zijn dat de leidinggevende het veel te druk had en te weinig aan leiding geven toe kwam. De oorzaak van dit probleem was onder meer, dat drie teamleden vaak bij hun baas aanklopten als ze een probleem niet meteen zelf konden oplossen. Het drietal was van mening dat ze recht hadden op deze ondersteuning door hun baas. Bij deze drie personen was de onverzadigbare structuur duidelijk aanwezig.

Het gevolg was dat de leidinggevende een deel van het werk van de medewerkers ging doen, terwijl dat niet zijn taak was. Hij baalde eigenlijk ontzettend van het drietal, maar hij wilde ze te vriend houden. Daarom had hij het 'omhoog delegeren' van zijn medewerkers geaccepteerd.

111

Een tijdje geleden vertelde een cursist dat hij deze structuur heel duidelijk herkende bij zijn dochtertje van drie jaar. Hij had opgemerkt dat, wanneer zij geen aandacht krijgt, ze altijd zegt: 'Ik ben moe'. Dat is de onverzadigbare structuur ten voeten uit.

Mensen waarbij de onverzadigbare structuur overheerst, hebben vaak weinig energie, zijn snel moe en zien er soms ook tamelijk mager en futloos uit.

Herken je de onverzadigbare structuur bij jezelf en wil je daar iets aan doen, dan is het essentieel te beseffen dat er in elke situatie iets is wat jij graag wilt. Vervolgens dien je er zelf voor te zorgen dat je datgene wat jij graag wilt ook zélf verwezenlijkt en te genieten van en tevreden te zijn met het resultaat. Gaandeweg krijg je er plezier in dat je je behoeften zelf kunt vervullen, dat je jezelf tevreden kunt stellen. 'Tevredenheid' is één van de kwaliteiten die dan vrij komt.

Je ontdekt dus dat je zelf de bron bent van je eigen behoeftenbevrediging. Vanuit de onverzadigbare structuur dacht je dat alleen de ander een bron voor jou kon zijn. Als je de inspiratiebron in jezelf gevonden hebt, ben je in staat je eigen accu op te laden, in plaats van anderen daarvoor te gebruiken. Je leert meer op eigen benen te staan, in plaats van te denken dat je steeds op een ander moet steunen. Je wordt zelf actief in plaats van een ander voor jou aan het werk te zetten. Bovendien merk je dat je veel meer reserves aan energie in je hebt dan je dacht.

> Een vrouw vertelt: 'Een van mijn vervelendste eigenschappen is mijn luiheid. Vaak voel ik me futloos, waardoor ik lui word. Ik heb dan nergens zin in.
> Twee dingen waren voor mij essentieel bij het omgaan met de onverzadigbare karakterstructuur. Ten eerste het besef, dat steeds wanneer ik dacht dat ik nergens zin in had, er altijd wel iets was wat ik graag wilde en op dat

moment leuk vond om te doen. Alleen moest ik me wel even de moeite getroosten om er achter te komen wat dat precies was. Vervolgens moest ik nog de discipline opbrengen om datgene te doen wat ik graag wilde. Als ik dat deed, dan kreeg ik meestal weer energie.

Daarnaast was het voor mij belangrijk te beseffen dat ik steeds de keuze heb wel of niet vanuit die structuur te reageren. Dat maakte het makkelijker om als buitenstaander naar mezelf te kijken en te zien dat ik meer was dan alleen die structuur, ook al voelde dat niet zo wanneer ik erin gevangen zat.

De bovenstaande punten hielpen mij de vicieuze cirkel te doorbreken waarin ik eerst zat. Immers, hoe minder energie ik had, des te moedelozer en slechter ik me voelde, waardoor ik nog minder energie kreeg. Ik heb nu ook minder last van depressieve gevoelens.'

Als je samenwerkt met een persoon met deze structuur, is het van belang om duidelijk aan te geven wat wel kan en wat niet. Ook is het essentieel duidelijke afspraken te maken over wie wat doet, omdat de ander weinig discipline heeft en de neiging heeft van jou te profiteren.

Een klant met deze structuur zal ervan uit gaan dat hij overal recht op heeft en dat hij op elk moment bij jou kan aankloppen voor hulp. En dat die hulp gratis is en onbeperkt.

5.4. Opofferende structuur

De derde primaire behoefte is die aan vrijheid. Deze behoefte staat centraal in de levensfase waarin een kind een persoonlijke smaak ontwikkelt en de drang heeft zich los te maken van de ouders. Deze periode begint zo ongeveer op tweejarige leeftijd. Het kind loopt rond, zit overal aan, en het leert van de ouders wat wel mag en wat niet.

Voor een kind betekent vrijheid onder andere: eten wat het op dat moment lekker vindt. Dat is niet altijd hetgeen er voorgeschoteld wordt. Voor ouders is dit soms frustrerend, vooral als ze alle moeite gedaan hebben om iets lekkers klaar te maken. Bovendien heerst bij sommige ouders de norm dat de kinderen alles moeten 'leren' eten.

Vrijheid betekent ook: het maken van eigen keuzes, het zelfstandig nemen van besluiten. In plaats van hun kinderen voldoende ruimte te geven, beslissen sommige ouders - meer dan nodig is - wat goed voor ze is. Vroeger gebeurde dit veel vaker dan nu. Overigens betekent dit niet dat je een kind zomaar in alles zijn gang moet laten gaan. Er zijn bepaalde kaders nodig, anders voelt een kind zich onzeker.

Bij de opofferende structuur is 'grenzen stellen' het probleem. Immers, wanneer een kind tegen zijn zin iets moet eten, worden zijn grenzen letterlijk overschreden. Het heeft iets binnengelaten wat het eigenlijk niet wilde binnenlaten, het heeft iets gedaan wat tegen zijn eigen gevoel in ging.

De opofferende structuur kan manifest worden daar waar het kind zijn 'nee, dat wil ik niet' opgeeft en zich voegt naar de wensen van de ouders. Het kind kan bijvoorbeeld overstag gaan doordat de ouders dreigen met het onthouden van liefde of door het kind een schuldgevoel aan te praten.

De opofferende structuur komt regelmatig voor in families waar kinderen in de watten gelegd worden, maar ondertussen geen kant uit kunnen. Alles wordt voor hen geregeld en beslist. De vrijheid dit zelf te doen wordt hen ontnomen.

Volwassenen met deze structuur vinden het moeilijk iets te zeggen wat voor de ander vervelend kan zijn. Ze zijn bang dat ze dan de sympathie van de ander verliezen. Ze hebben ook de neiging zich te laten strikken voor dingen die ze eigenlijk niet willen doen, bijvoorbeeld om de lieve vrede te bewaren. Ze offeren zich op: 'Kom maar, ik doe het wel'. Doordat ze dan voorbij gaan aan wat ze zelf willen, straffen ze in feite zichzelf. De eigen vrijheid wordt opgeofferd.

Een 'big smile' is vaak ook kenmerkend voor mensen met deze structuur. Ze blijven steeds vriendelijk. Je voelt echter dat er van alles onder die glimlach broeit: ingehouden commentaar, verzet, onvrede en geheimen.

Het is een hele klus hetgeen er broeit boven tafel te krijgen. Soms komt de ingehouden onvrede bij deze mensen er pas uit als ze uit hun tent gelokt worden of boos worden gemaakt. Andere keren reageren ze geïrriteerd of boos zonder dat daar ogenschijnlijk een aanleiding voor is.

Mensen met een opofferende structuur tobben vaak. Zo iemand vertelt - vaak met een klagerige stem - dat hij het goede wil, maar dat het altijd nét mis gaat. Hij voelt zich slachtoffer.

Wie deze structuur heeft, praat regelmatig over situaties in termen van: 'dat houd ik wel uit', terwijl men er eigenlijk van baalt en van de situatie weg wil. Ze leggen zichzelf beperkingen op, ze zetten zichzelf onder druk, terwijl dat niet nodig is. Soms zijn ze ook heel normerend naar anderen toe en beperken ze zo de vrijheid van anderen.

Overheerst de opofferende structuur, dan is dat vaak aan het lichaam te zien door een gedrongen postuur. Er is een neiging tot overgewicht. Ik heb bij verschillende mensen uit mijn omgeving meegemaakt dat ze hun overgewicht grotendeels kwijt raakten, nadat het ze gelukt was om meer voor zichzelf op te komen. Overigens zonder hun eetgedrag te veranderen.

Heb je last van deze structuur, dan is het van belang te leren dat je vrij bent en iemand anders dan alle anderen. Je hebt de vrijheid te zijn wie je bent en te doen wat je wilt. Het betekent, toelaten van een ander wat je prettig vindt en 'nee' zeggen tegen wat je niet aanstaat. Voel je niet schuldig als je 'nee' zegt.

> Een studente vertelt: 'Tijdens de lessen op school ontdekte ik dat de opofferende karakterstructuur bij mij sterk aanwezig is, en dat ik de neiging heb dingen te doen die ik niet echt wil. Dat gebeurt thuis dus ook.
> Ik woon samen. Op een avond lagen we in bed en wilde mijn vriend met mij vrijen. Ik had daar op dat moment geen zin in en zei dat tegen hem. Mijn vriend reageerde geïrriteerd. Toen ik even later nog wat nadacht over dit voorval, realiseerde ik me dat ik vaak gevreeën had zonder dat ik daar zin in had. Hiervan werd ik misselijk en ik moest overgeven. Ik besefte dat hetgeen ik tegen mijn zin ingeslikt had, er alsnog letterlijk uit gekomen was.'

Leren omgaan met deze structuur betekent: met je eigen-aardigheden naar buiten komen, de plezierige zowel als de onplezierige. Vooral dat laatste is moeilijk, omdat de persoon met de opofferende structuur vaak een hekel aan zichzelf heeft en de lelijke kanten van zichzelf niet wil accepteren.

Een andere suggestie om minder vast in deze structuur te komen zitten is regelmatig opruiming te houden binnen jezelf en in je omgeving. Welke mensen heb ik nog iets (negatiefs) te melden wat me dwarszit? Of onderhoud ik wellicht nog contact met mensen die nu niet meer bij me passen, maar houd ik de relatie toch in stand omdat ik geen 'nee' tegen ze durf te zeggen? Door opruiming te houden kan een hele last van je af vallen.

Leer je omgaan met de opofferende structuur bij jezelf, dan kun je de kwaliteit 'onderscheidingsvermogen' ontwikkelen: je weet wat je wel en wat je niet wilt. Ook de kwaliteit 'kracht' komt meer naar buiten, omdat je duidelijk aangeeft wat je ergens van vindt en je jezelf niet meer onnodig inhoudt.

Omgaan met mensen met een opofferende structuur betekent uitzoeken wat die persoon zelf wil of vindt. De neiging bestaat om steeds aan jou advies te vragen en zelf geen voorkeur uit te spreken. Geef de ander de keuze, maar zorg er wel voor dat hij ook echt kiest.

Benadruk de keuzevrijheid van de ander, maar confronteer hem tevens met de eigen verantwoordelijkheid voor de gevolgen hiervan. Die verantwoordelijkheid tracht de opofferende structuur soms te ontlopen.

Enkele jaren geleden ging ik een dag met een bedrijfsadviseur in de landbouw mee om een indruk te krijgen van zijn manier van werken. Een van de klanten was een veehouder die plannen had om een mestsilo te bouwen. Dit vergde een forse investering. Bovendien zou pas op termijn blijken of deze investering rendabel was.

In het gesprek tussen de adviseur en de veehouder kwam de opofferende structuur van de ondernemer sterk naar voren. De veehouder deed gedurende het gesprek een aantal pogingen de adviseur een beslissing te laten nemen die hij eigenlijk zelf moest nemen. Hij wilde zijn verantwoordelijkheid afschuiven. Het kostte de adviseur erg veel moeite voet bij stuk te houden en zich niet voor het karretje te laten spannen.

Een ander kenmerk van een persoon met de opofferende structuur is de neiging niet (alles) te vertellen wat hem niet bevalt. Dat betekent dat je vaak moet doorvragen om alles boven tafel te krijgen. Tevens heeft hij de neiging vaag te blijven. Ook dan is doorvragen op zijn plaats.

5.5. Afstandelijke structuur

De vierde primaire behoefte is liefde geven en ontvangen. Deze behoefte komt bij een kind in eerste instantie tot ontwikkeling in het contact met de ouder van het andere geslacht.

Het gaat daarbij om de leeftijdsfase waarin het kind merkt dat het een jongetje of een meisje is, en het kind zich aangetrokken gaat voelen tot de vader of de moeder. Als meisje wind je je vader om je vinger en als jongetje je moeder: de kinderlijke verleiding. Het kind is bezig met liefde en sexualiteit, echter nog op een kinderlijke manier. Bijna elk kind heeft op een gegeven moment, bewust of onbewust, een fantasie dat hij met zijn vader of moeder wil trouwen. Een kind zal in zo'n leeftijdsfase dan ook meestal meer van de ene ouder houden dan van de andere. Bovendien denkt het kind dat het andersom ook zo is.

Voor de ouders is het de kunst op een goede manier met de gevoelens van het kind om te gaan. Vaak vinden ze dat niet eenvoudig.

Voor een kind gaan liefde en sexualiteit samen. Bij liefde gaat het daarbij om het zich open stellen voor de ander. Kinderlijke sexualiteit uit zich bijvoorbeeld in het ongeremd tonen van enthousiasme en plezier. Het gaat dus om gevoel (liefde) en energie (sexualiteit).

Een meisje vliegt bijvoorbeeld dolenthousiast haar vader om de hals en ze wil hem knuffelen, om zo haar liefde tot uitdrukking te brengen. Als de vader dan niet weet hoe hij met deze situatie om moet gaan, zal hij bijvoorbeeld het kind proberen te temmen en het weer op de grond zetten. Voor het kind is dit een teleurstellende reactie en het kan zich gekwetst voelen (het 'gebroken hart'). Het hart wordt gesloten en de energie wordt teruggetrokken. Afwijzing van het enthousiasme (de energie) betekent voor het kind ook afwijzing van het gevoel, omdat ze voor het kind één zijn. Als reactie op de afwijzing probeert het kind zijn gevoelens de baas te blijven door ze tegen te houden.

Gebeurt het bovenstaande regelmatig, dan kan dat bijdragen tot de ontwikkeling van de afstandelijke karakterstructuur. Het zich afgewezen voelen door de ouder van het andere geslacht ligt dus aan de basis van deze structuur. De relatie tot de andere sexe komt dan niet op een evenwichtige manier tot stand.

Een afstandelijke opstelling is kenmerkend voor deze karakterstructuur. De in- en uitgaande gevoelens worden door een soort muur tegengehouden. Zelfbeheersing en controle over zichzelf worden een levenshouding.

Een persoon met een afstandelijke structuur huilt bijna nooit. Je krijgt heel moeilijk gevoelscontact met zo iemand, ook al omdat het contact met de eigen gevoelens voor de persoon zelf gering is. In een relatie vraagt hij zich daardoor soms af: houd ik nog wel van mijn partner?

Deze mensen weten zich vaak geen houding te geven in situaties waarin gevoelens een belangrijke rol spelen, bijvoorbeeld wanneer ze ergens op bezoek gaan waar iemand overleden is. Ze vinden het ook heel vervelend zich te begeven in situaties waarvan ze de afloop niet kennen. Door mensen met een afstandelijke structuur wordt alles het liefst vantevoren goed gepland, zodat ze niet voor verrassingen kunnen komen te staan.

In een zakelijke omgeving functioneren mensen met de afstandelijke structuur meestal goed. Ze wekken de indruk van een georganiseerde persoonlijkheid, die afspraken goed nakomt en die orde en regels erg belangrijk vindt. Wel gaan ze snel in discussie: ze weten het beter en doen het perfect! Ze kunnen hard werken en gaan daarbij makkelijk over hun grenzen heen, omdat ze die te weinig voelen.

De afstandelijke structuur voelt zich vaak prettig in een uniform. Van mensen in een uniform weet je immers precies wat je kunt verwachten. Bovendien is zo'n 'aangekleed pantser' veilig: je hoeft jezelf als persoon niet te laten zien. Het nadeel van een uniform is echter dat het afstand oproept in het contact met anderen.

Tijdens een cursus aan politiemensen ontstond er een felle discussie. De vraag was of een politie-agent tijdens een bijeenkomst voor ouders van middelbare scholieren over het onderwerp vandalisme, nu wel of niet een uniform moest dragen.

De ene helft van de groep wilde niet in uniform gaan, omdat ze dachten dat het uniform onnodige weerstand zou oproepen bij de ouders. De andere helft van de groep piekerde er niet over in gewone kleding te gaan. Hun belangrijkste argument was dat ze zich onzeker voelden zonder het uniform en niet wisten hoe ze zich dan moesten gedragen.

De suggestie wordt wellicht gewekt dat het bij de afstandelijke structuur gaat om mensen met weinig gevoel. Het tegendeel is vaak waar: het zijn heel gevoelige (en kwetsbare) mensen, die hun gevoelige kant afgeschermd hebben. Door deze pantsering vermindert het contact met het eigen gevoel en daarmee het vermogen om lief te hebben en te genieten. Als gevolg daarvan ontstaat soms ook eenzaamheid.

Het lichaam van een persoon met een overwegend afstandelijke structuur ziet er evenwichtig uit, maar heeft een gespannen uitstraling. Als buitenstaander krijg je het gevoel dat het lichaam in een onzichtbaar harnas zit. Het nodigt niet uit tot aanraken.

Als je de afstandelijke structuur herkent bij jezelf en je wilt er iets aan doen, dan is het van belang contact te leren maken met je eigen gevoelens, daar uiting aan te geven en daar vervolgens mee in contact te treden met anderen. De latent aanwezige kwaliteit 'openheid' kan zich dan ontwikkelen.

Ingrijpende gebeurtenissen kunnen mensen meer in contact brengen met hun gevoelens en daardoor de afstandelijkheid verminderen. Dat kunnen zowel vervelende als prettige gebeurtenissen zijn. Bij dit laatste kun je denken aan vader of moeder worden of verliefd worden.

Een vrouw vertelt: 'Ik ben 25 jaar en tot voor enkele weken nog nooit echt verliefd geweest. Voorheen voelde ik wel eens wat voor een man, maar dat wilde ik niet toegeven aan mezelf. Op anderen kwam ik afstandelijk en koel over. Als er over gevoelens gepraat werd, gaf ik niet thuis. Veel te eng. Bovendien was ik van mening dat anderen daar niets mee te maken hadden.

Een tijdje terug kwam ik mijn huidige vriend tegen. Gedurende enkele weken is het mij gelukt de boot af te houden. Op een bepaald moment ging dat gewoon niet meer. Toen ben ik door mijn afstandelijkheid heen gebroken en ontmoette ik mijn gevoel.

Er is een wereld voor mij open gegaan, waarvan ik het bestaan niet kende. Ik ben veel opener geworden naar anderen toe.'

Een persoon met een afstandelijke structuur moet zich leren overgeven in situaties waarvan hij de afloop niet kent, in plaats van deze situaties te ontwijken. Hij moet leren op flexibele wijze mee te gaan met wat er gebeurt.

Hij kan gaan beseffen dat hij ook een gewoon mens is, net als ieder ander. Dat hij niet perfect hoeft te zijn en dat hij kan leren van fouten, in plaats van deze tot elke prijs te willen vermijden.

Hoe kun je omgaan met de afstandelijke structuur bij de ander? Je kunt hem helpen door naar zijn gevoelens te vragen en zelf ook open te zijn over je eigen gevoelens. Dit is soms niet makkelijk, omdat de afstandelijke structuur ook afstandelijkheid en hardheid bij anderen oproept. Zachtheid is echter nodig om de afstandelijkheid bij de ander te laten smelten.

Probeer niet net zo perfect te zijn als de persoon met de afstandelijke structuur. Hij wil immers de beste zijn. Ga ook niet in discussie. Daarmee wordt de afstand alleen maar groter.

Realiseer je ook dat een persoon met deze structuur bang is fouten te maken en deze toe te geven. Benadruk dat fouten maken heel gewoon is en doe er niet moeilijk over.

Het is een hele klus de persoon met een afstandelijke structuur ervan te overtuigen dat hij een probleem heeft. Hij zal immers zeggen dat hij perfect is.

5.6. Wantrouwige structuur

De vijfde primaire behoefte tenslotte is de behoefte aan hulp en steun. Een kind doet veel dingen voor het eerst en kan dat vaak niet alleen. Het heeft de hulp van anderen nodig. Soms beloven de ouders wel hulp, maar komen ze die belofte toch niet na. In plaats daarvan lachen ze het kind uit wanneer iets fout gaat. Het kind ervaart zo dat de omgeving niet te vertrouwen is.

Als een kind in een familie opgroeit waarin verwacht wordt dat je alles zelf kunt en waarin zwakheid met vernedering beantwoord wordt, kan zich de wantrouwige structuur ontwikkelen. Het kind zal zijn eigen zwakheid en onzekerheid gaan verbergen en zich groot houden.

Een wantrouwige structuur kan ook geactiveerd worden wanneer de verhouding tussen de ouders verstoord is en de ouders het kind manipuleren of dwingen om partij te kiezen. Om zich te handhaven zal het kind het spel gaan meespelen en de situatie zoveel mogelijk naar zijn hand proberen te zetten door zelf te manipuleren of te liegen. In deze situatie ontbreekt steun voor het kind.

Een wantrouwige houding ten opzichte van de omgeving is bij volwassenen een van de duidelijkste kenmerken van deze structuur. De neiging bestaat de omgeving goed in de gaten te houden, te bewaken, zodat men niet vanuit een onverwachte hoek onderuit gehaald kan worden. Er wordt overal iets achter gezocht en men vraagt zich veelal af: van welke kant is er gevaar te verwachten en hoe kan ik dat bedwingen?

Vanwege het overdreven veel bezig zijn met de omgeving, is de wantrouwige structuur bij iemand vaak herkenbaar aan zijn ogen: ze dreigen, vleien en verleiden en houden je dus steeds in de gaten. De ogen kunnen dan ook veel bewerkstelligen.

Een cursist die zichzelf sterk herkende in deze structuur zei eens: 'In sommige situaties probeer ik een ander weg te branden met mijn ogen'.

De ogen zijn het meest in het oog springende (letterlijk!) lichamelijke kenmerk bij deze structuur. Daarnaast lijkt het soms of de persoon met ingehouden adem loopt (opgeblazen borst). Het bovenlichaam is in verhouding veel steviger en energieker dan de benen.

Een persoon met een wantrouwige structuur vindt het vaak bijzonder eng met de rug naar mensen toe te zitten. Het is dan net alsof anderen zijn diepste geheimen én onzekerheden (want die zijn er veel) kunnen zien, terwijl hij niet ziet wat zij zien. Zo hebben mensen met deze structuur er vaak moeite mee te erkennen dat deze structuur op hen van toepassing is. Je kent dan immers een zwakke kant van hen.

Een cursist vertelt: 'Ik wilde in eerste instantie niet aannemen dat de wantrouwige structuur het meest op mij van toepassing is. Ik werd op het spoor gezet door een gesprek met een bevriende medecursist. Hij zei: 'Jij bent een vertrouwenspersoon en een aanspreekpunt voor anderen, maar hoe is dat bij jezelf, bij wie klop jij aan?

Na diep nadenken moest ik bekennen dat er niemand was bij wie ik aanklopte. Het is voor anderen erg lastig mijn vertrouwen te winnen. Ik ben erg bang onderuit te gaan. Dit laatste is voor mij moeilijk om te erkennen, hetgeen juist weer typerend is voor de wantrouwige structuur. Ik vind het vervelend als een ander mij 'door' heeft, weet hoe ik reageer.'

Managers met een wantrouwige structuur hebben veel moeite met delegeren. Bovendien zien ze medewerkers en collega's vaak als pionnen, waar ze machtsspelletjes mee spelen. De neiging de omgeving te manipuleren is sterk aanwezig. Anderen hebben als gevolg daarvan de neiging bij hen uit de buurt te blijven of vinden hen onbetrouwbaar. In het algemeen kun je zeggen dat mensen die deze structuur in sterke mate hebben, veel met macht bezig zijn. Ze handelen vanuit hun wil.

De wantrouwige structuur kan niet goed onderscheid maken tussen waarheid en leugen. Daar is hij immers niet mee bezig, wel met macht. Hij is gebaat bij een groot grijs gebied tussen waarheid en leugen. In dat gebied kan hij opereren ten behoeve van de eigen macht. Hij kan daar anderen laten verdwalen of in verwarring laten raken, zodat hij controle kan houden.

Een man vertelt: 'Vroeger werkte ik op zaterdag en in de vakantie bij een hoveniersbedrijf. Mijn belangrijkste taak was tuinonderhoud bij particulieren. Een duidelijk voorbeeld van een wantrouwige karakterstructuur was mijn baas. Het liefst wilde hij overal met zijn neus bovenop zitten, maar dat kon nu eenmaal niet.

Meestal werden aan het begin van de klus afspraken gemaakt tussen mijn baas en de klant en dan vertrok hij weer. Het kwam echter regelmatig voor dat een klant van gedachten veranderde tijdens de uitvoering van het werk.

Ik had dan twee mogelijkheden: daar wel of niet met mijn baas over overleggen. Als ik wel met hem overlegde, zei hij dat dit niet nodig geweest was en dat ik zelf had kunnen beslissen - in overleg met de klant natuurlijk. Als ik niet met hem overlegde, zei hij naderhand dat ik dat wel had moeten doen. Het was dus nooit goed. Erg vervelend.'

Bij de wantrouwige structuur zijn er twee varianten. Eén variant werkt met dreiging. Daarbij hoort: dominant gedrag en het overdonderen van de ander. De andere variant werkt met verleiding: op een subtiele manier word je erin geluisd en houdt de ander macht over jou. Beide vormen kunnen ook bij eenzelfde persoon voorkomen.

Als je last hebt van deze structuur, moet je leren je over te geven en je onnodige wantrouwen los te laten. Dat vraagt veel moed, een kwaliteit die ontwikkeld kan worden. Het gaat erom dat de persoon met deze structuur hulp vraagt wanneer hij graag hulp wil hebben, in plaats van alles zelf te doen.

Een andere opdracht voor mensen met deze structuur is leren het hoofd te buigen, toe te geven wanneer dat nodig is. Daar hoort ook het toegeven van fouten bij. Dat is moeilijk, omdat zij 'toegeven' associëren met 'zwakte'. Hun motto luidt: liever barsten dan buigen.

Bij het samenwerken met een persoon die een wantrouwige structuur heeft, is het van belang vertrouwen te winnen. Probeer ook te voorkomen dat er wantrouwen ontstaat, bijvoorbeeld door steeds duidelijk aan te geven waarom jij iets wilt of wat de achtergrond is van jouw vraag of opmerking.

Pas op voor manipulatie door de persoon met de wantrouwige structuur, bijvoorbeeld in de vorm van valse beloftes. Let erop dat je je vrij blijft voelen en dat hij jou niet in zijn macht krijgt.

Mensen met een wantrouwige structuur hebben de neiging de dingen mooier voor te spiegelen dan dat ze in werkelijkheid zijn. Ook hebben ze vaak een grote mond, maar een klein hartje. Laat je daardoor niet van de wijs brengen.

Ook vinden mensen met een wantrouwige structuur het moeilijk te zeggen dat ze iets niet begrijpen. Het is immers een teken van zwakte.

5.7. Van automatisme naar keuze

Een probleem bij karakterstructuren is dat ze een automatisme zijn geworden, een patroon waar we onbewust in terecht komen. Het is een gewoonte geworden in een bepaald soort situatie steeds vanuit een karakterstructuur te reageren, als een soort tweede natuur. We zijn er zo aan gewend geraakt, dat we niet meer merken dat we vanuit de structuur reageren. We gaan denken dat we echt zo zijn, in plaats van de structuur als een masker te zien, dat we af en toe opzetten. Het lijkt er dan op alsof we geen keuze hebben in ons gedrag. In feite hebben we die keuze meestal wel. Alleen zijn we ons daar vaak niet van bewust.

Door inzicht te krijgen in ons eigen gedrag, beseffen we dat we ons wel of niet kunnen laten leiden door een karakterstructuur.

In sommige situaties is het zinvol vanuit een karakterstructuur te reageren: er zijn meer voordelen dan nadelen om zo te reageren. Er is dan geen beter alternatief. In dat geval kun je respect hebben voor de keuze die iemand daarin maakt. Echter, in de meeste situaties is het niet nodig vanuit een karakterstructuur te reageren. Je kunt er dan voor kiezen dat niet te doen.

Vaak is iemand in een bepaalde periode van zijn leven veel met een bepaalde structuur bezig. Op een gegeven moment kan dat veranderen. Het toepassen van de theorie over karakterstructuren op jezelf is dus een momentopname.

Ik ben van mening dat mensen vaak niet voor 100% kunnen 'genezen' van een karakterstructuur. Wel kun je leren er beter mee om te gaan, of zelfs er plezier in te krijgen, zodat je je vrijer voelt en er minder last van hebt. Bij het leren omgaan met een karakterstructuur is soms professionele hulp nodig.

Tenslotte nog dit: een risico van de theorie over karakterstructuren is dat je mensen in hokjes gaat stoppen. Dat kan verstarring in de communicatie in de hand werken. Uiteraard is dat niet de bedoeling. Mensen zíjn geen karakterstructuren. Karakterstructuren zijn een hulpmiddel om naar het gedrag van mensen te kijken - niet meer én niet minder dan dat! Het is een praktische en bruikbare indeling.

Opdrachten

1. Maak voor jezelf een lijstje waarbij je een ordening maakt oplopend van de structuur die je nu het meest herkent bij jezelf naar de structuur die je het minst herkent bij jezelf. Geef per structuur ook aan welke kenmerken je bij jezelf ziet.
(Bij het uitvoeren van deze opdracht is het handig om eerst naar de primaire behoeftes te kijken en te bepalen voor welke behoefte jij het moeilijkst uit komt. De bijbehorende structuur is dan meestal sterk aanwezig).

2. Maak eenzelfde ordening als bij opdracht 1 voor hoe dit twee jaar geleden was. Ziet dit lijstje er anders uit? Zo ja, hoe komt dat?

3. Met welke structuur heb je bij een ander de meeste moeite? Waarom?

6

OPSPOREN EN ONTWIKKELEN
VAN LATENTE KWALITEITEN

Mensen helpen bij het zoeken naar (half-)latente kwaliteiten vind ik een zeer inspirerende bezigheid. De verwondering, het ongeloof of de weerstand van mensen hierbij kenmerkt dit proces. Het is een natuurlijke reactie op het onbekende bij jezelf. Een latente kwaliteit klopt als het ware van binnenuit bij jou aan. Vaak word je bang of voel je je onhandig en weet je niet wat je moet doen. Je krijgt bijvoorbeeld de behoefte op een humoristische wijze te reageren in een serieuze, zakelijke situatie. Je denkt: 'Dit kan niet, want het is gedrag dat mijn gesprekspartners van mij helemaal niet kennen'.

Als je jezelf vergelijkt met een tuin, dan kun je het naar boven komen van een nieuwe kwaliteit bij jezelf als volgt zien: er komt een barst in de aarde, omdat een nieuwe bloem aan het groeien is en in het daglicht wil komen. De vraag is dan: probeer je die barst (in je zelfbeeld) zo snel mogelijk weer glad te strijken of ben je benieuwd naar die nieuwe bloem?

Zoals we in hoofdstuk 2 gezien hebben, zijn er bij latente kwaliteiten twee mogelijkheden. De ene mogelijkheid is dat het gaat om een voor jou geheel nieuwe kwaliteit, waarvan je het bestaan niet kende. De andere mogelijkheid is dat een kwaliteit wel aanwezig was, maar dat je op een bepaald moment deze kwaliteit niet meer bent gaan gebruiken. De kwaliteit is uit het zicht verdwenen. Je bent deze 'vergeten'.

Latente kwaliteiten zijn vergelijkbaar met een grote schat waar we niets mee kunnen doen, totdat we ons herinneren op welke plek we deze verborgen hebben. Er zijn verschillende manieren om latente kwaliteiten op het spoor te komen, bijvoorbeeld via:

- Herkenning bij mensen die je heel sympathiek of juist heel on-
sympathiek vindt (paragraaf 6.1).
- Situaties die uitdagend voor je zijn (paragraaf 6.1).
- Dromen en fantasieën (paragraaf 6.2).
- Lichamelijke klachten (paragraaf 6.3).

De latent aanwezige kwaliteiten bij de verschillende karakterstructuren zijn in het vorige hoofdstuk aan de orde geweest.

Het ontwikkelen van latente kwaliteiten gaat soms niet van een
leien dakje. In paragraaf 6.4 komen enkele hobbels hierbij aan de
orde.

6.1. Sympathieën en antipathieën

Een leuke en interessante manier waarop je latente kwaliteiten van
jezelf op het spoor kunt komen is mensen die je heel sympathiek
of heel onsympathiek vindt als ingang te kiezen. Doe eerst de volgende twee opdrachten:
1. Neem twee mensen in gedachten, die je heel sympathiek vindt.
Ga bij ieder van hen na op grond van welke eigenschappen je deze persoon zo sympathiek vindt.
2. Neem twee mensen in gedachten, die je heel onsympathiek
vindt. Ga bij ieder van hen na aan welke eigenschappen van die
ander je zo'n hekel hebt.

Probeer de eigenschappen bij de bovenstaande opdrachten zo
precies mogelijk te omschrijven. Laat alle andere eigenschappen
van de betrokken personen buiten beschouwing.

Ervaringen van sympathie of antipathie kun je door middel van
het mechanisme van projectie (zie hoofdstuk 4) naar jezelf toe
'vertalen'[37]. Het uitgangspunt hierbij is, dat alles wat je in sterke
mate opvalt aan jouw omgeving, zowel positief als negatief, iets
over jezelf zegt. Het zegt namelijk iets over kwaliteiten van jezelf
die uit balans zijn ('vervormd'), of die in de schaduw terecht zijn

gekomen en latent zijn geworden. Van mensen die je sympathiek of onsympathiek vindt, kun je dus iets leren.

Een belangrijk criterium bij 'sympathieke' of 'onsympathieke' personen is dat je erdoor geraakt wordt, dat je je emotioneel (positief of negatief) betrokken voelt bij deze mensen. Er zijn vaak ook andere mensen die je niet zo sympathiek vindt, maar met wie jij je in de omgang wel vrij kunt blijven voelen. Het feit dat deze mensen je niet zo liggen, hoeft niet direct iets over jezelf te zeggen.

In figuur 5 is aangegeven welke mogelijkheden er zijn bij het 'terugvertalen' van (on)sympathie-ervaringen.

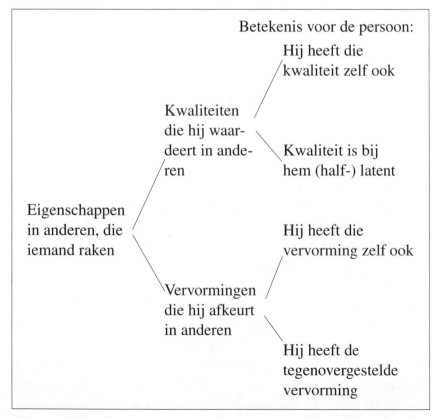

Figuur 5. Betekenis van eigenschappen in anderen, die iemand raken

130

Bij elke eigenschap van de sympathieke personen zijn er twee mogelijkheden. De eerste mogelijkheid is dat je een kwaliteit van jezelf op een ander projecteert. Je waardeert in die ander een kwaliteit die je ook waardeert in jezelf. De vraag die je je kunt stellen om hier achter te komen is: welke van de kwaliteiten die je aan de ander toegeschreven hebt, herken je als manifeste kwaliteiten van jezelf?

De tweede mogelijkheid is, dat je een (half-)latente kwaliteit van jezelf op een ander projecteert. De vraag is dan: welke van de kwaliteiten die je aan de ander toegeschreven hebt, zou je ook graag (meer) tot je beschikking hebben?

Het is vaak moeilijk vast te stellen of een kwaliteit latent bij jou aanwezig is. Als het om een latente kwaliteit gaat die je 'vergeten' was, dan lukt het je nog wel die te herkennen. Gaat het echter om een nieuwe kwaliteit, dan weet je dat meestal niet. Een manier om erachter te komen of een kwaliteit bij jezelf latent is, is je af te vragen of je die graag zelf zou willen kunnen inzetten. Is het antwoord 'ja', dan kun je ervan uit gaan dat deze kwaliteit latent aanwezig is.

Veel mensen geloven in eerste instantie niet, dat ze een latente kwaliteit onbewust op een ander projecteren. Na enige tijd komen ze er meestal achter dat ze deze kwaliteit toch in zich hebben.

Bij de onsympathieke personen is het terugvertalen naar jezelf iets ingewikkelder. Er zijn eveneens twee mogelijkheden. De eerste is dat je sommige vervormingen van jezelf op de ander projecteert. Je keurt bij de ander een vervorming af, waar je bij jezelf ook een hekel aan hebt. Om hier achter te komen kun je jezelf de volgende vraag stellen: welke van de vervormingen die je aan de ander(en) toegeschreven hebt, heb je zelf ook (een beetje!)?

Vervolgens kun je nog gaan zoeken naar de kwaliteit die achter de betreffende vervorming schuilt. Hierbij is het nuttig om de vervelende eigenschap los te zien van de andere persoon. Lukt dat niet, dan is het moeilijker de kwaliteit die achter de vervorming ligt op te sporen, omdat je de onsympathieke persoon voornamelijk als negatief ziet.

Een andere vraag die je kan helpen om een kwaliteit uit een vervorming te halen is: wat zou je willen dat de ander wel doet (= kwaliteit) in plaats van dat vervelende gedrag te vertonen?

De tweede mogelijkheid om de kwaliteit te achterhalen die in een vervorming bij een ander schuilt, is door het op de volgende manier te benaderen: de betreffende persoon vertoont precies het tegenovergestelde negatieve gedrag van dat wat jij laat zien. De ander heeft dus de polaire vervorming. Als jij zelf heel star bent, dan erger jij je meestal aan iemand die met alle winden meewaait.

Je kunt nog een stap verder gaan. Achter beide vervormingen zit namelijk een kwaliteit: 'vasthoudendheid' achter 'starheid' en 'flexibiliteit' achter 'met alle winden meewaaien'. Deze twee elkaar aanvullende (en tegenovergestelde) kwaliteiten en de twee bijbehorende vervormingen zijn weergegeven in figuur 6 [38].

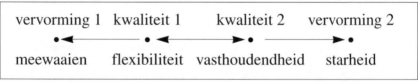

Figuur 6. *Tegenovergestelde kwaliteiten en bijbehorende vervormingen*

Je stoort je aan iemand die de vervormde versie heeft van je eigen latente kwaliteit. Ga je de latente kwaliteit 'flexibiliteit' bij jezelf ontwikkelen, dan wordt de starheid minder en komt de oorspronkelijke kwaliteit 'vasthoudendheid' meer naar voren. De verstoorde balans tussen flexibiliteit en vasthoudendheid wordt zo hersteld. Meer hierover in hoofdstuk 7.

Kom je meer in balans, dan ga jij je minder ergeren aan de persoon waar je eerst zo'n hekel aan had. De 'afstand' tussen jouw gedrag en dat van de ander wordt kleiner en daarmee ook de mate van irritatie.

Veel mensen vinden de bovenstaande aanpak nogal moeilijk. Daarom geef ik ter verduidelijking nog een voorbeeld van een cursist.

'Ik erger me aan personen die zichzelf overschatten, arrogant zijn. 'Arrogantie' is een vervorming van de kwaliteit 'zelfverzekerdheid'. Bij mezelf herken ik dat ik mezelf regelmatig onderschat en onzeker voel, vooral in aanwezigheid van iemand die arrogant is. 'Mezelf onderschatten' zie ik als een vervorming van 'bescheidenheid'. 'Zelfverzekerdheid' is bij mij nog een latente kwaliteit, die ik graag wil ontwikkelen.'

De boodschap bij de bovenstaande oefening is: wat je irriteert of waartoe je je aangetrokken voelt, geeft aan dat jij ten aanzien van de betreffende kwaliteiten niet in evenwicht bent, dat je ze niet optimaal benut.

Enkele punten die mij opvallen bij het werken met de bovenstaande oefening wil ik nu vermelden. Regelmatig schiet iemand van de ene uiterste vervorming in de andere. De ene keer reageert hij onzeker, de andere keer arrogant. Ook dan gaat het om het vinden van een evenwicht.

Hetzelfde geldt voor een persoon die zelf heel spontaan is en die een hekel heeft aan mensen die roddelen. Hij is regelmatig zo spontaan dat hij daarvan negatieve volgen ondervindt: hij zegt soms dingen die hij beter niet had kunnen zeggen. Hij is dus niet in evenwicht. Je kunt dan zeggen dat bijvoorbeeld een kwaliteit als 'onderscheidingsvermogen' nodig is, zodat die persoon preciezer leert bepalen wanneer het wel of niet bij de situatie past spontaan te zijn.

Sommige mensen schieten heen en weer tussen het niet inzetten van een bepaalde kwaliteit of het vervormd inzetten ervan. Iemand houdt zich de ene keer in en zegt niets, de andere keer reageert hij agressief. Een kwaliteit vervormd inzetten is meestal het gevolg van een niet inzetten in een eerdere situatie. Het gaat er dan om de betreffende kwaliteit in te zetten als de situatie dat vraagt en jij dat ook graag wilt.

Mensen zijn vaak bang voor de vervorming waaraan ze zich ergeren. Ze vrezen ook zo te worden. Het gevolg van deze angst is dat ze de kwaliteit die bij de vervorming hoort bij zichzelf ontkennen, waardoor de vervorming juist alleen maar nóg vervormder de kop op zal steken.

Het vraagt enig puzzelwerk om eigenschappen die je prettig of vervelend vindt aan anderen naar jezelf toe te vertalen. Voor ieder persoon ziet het plaatje er anders uit en zijn de passende woorden net iets anders.

Voor sommige mensen is het heel confronterend op de bovenstaande manier te ontdekken hoezeer de omgeving een spiegel is van wie zij zelf zijn. Ze vinden het bijna onvoorstelbaar te zien dat ze iets te weten kunnen komen over hun eigen latente kwaliteiten via mensen die ze niet mogen.

Relaties en latente kwaliteiten

Partnerrelaties, maar ook samenwerkingsrelaties, vormen vaak een ideale situatie om latente kwaliteiten tot ontwikkeling te laten komen. Het contact met de ander kan bij jou latente kwaliteiten wakker roepen. Dat is leuk! Terwijl je naar elkaar toe groeit, ontdek je tegelijkertijd jezelf en de ander. Als je verliefd wordt, gebeurt dat vaak heel sterk.

Vaak zeggen mensen dat iemand in positieve zin veranderd is sinds hij of zij een relatie heeft. Deze veranderingen zijn vrijwel altijd weer te geven in termen van kwaliteiten. Mensen zijn zich er meestal niet van bewust, dat bij hen een bepaalde kwaliteit latent aanwezig is, die bij de persoon waar ze van houden goed ontwikkeld is.

Het komt ook voor, dat mensen een contact met iemand uit de weg gaan, omdat ze (onbewust) bang zijn dat ze door dat contact gaan veranderen. In de volgende oosterse parabel[39] wordt dit weergegeven.

> Een man kwam bij de deur van zijn geliefde en klopte aan.
> Een stem vroeg: 'Wie is daar?'
> 'Ik ben het', antwoordde hij.
> Toen zei de stem:
> 'Hier is niet genoeg plaats voor jou en mij'.
> En de deur bleef dicht.
> Na een jaar van eenzaamheid en ontbering keerde de man terug en klopte aan. Van binnen vroeg een stem:
> 'Wie is daar?'
> 'Jij bent het', zei de man.
> En de deur ging voor hem open.

Wanneer je contact hebt met een ander die verliefd op je is, dan kan dat een poort openen naar verrijking van je eigen persoonlijkheid. Tenminste als je daarvoor open staat.

Een interessante vraag hierbij is: verdwijnt de aantrekkingskracht niet op het moment dat jij de kwaliteiten ontwikkeld hebt die jou zo aantrekken in de ander? Meestal is dat niet het geval. Immers, die ander heeft die kwaliteit vaak in veel sterkere mate dan jij. Bovendien geef jij je eigen kleur aan een bepaalde kwaliteit. Met elkaar omgaan vanuit eenzelfde kwaliteit geeft vaak een sterk gevoel van verbondenheid.

Ook veranderen mensen en ontstaan er steeds nieuwe ontwikkelingsmogelijkheden. Zo kan het plezier en de dynamiek in een relatie blijven bestaan.

Uitdagende situaties

Net als door sympathieke personen kun je je ook door díe situaties aangetrokken voelen, die voor jou een uitdaging vormen. Een uitdaging kan je op het spoor van een nieuwe kwaliteit brengen. De vraag is dan: wat zou je een uitdagende situatie vinden en welke kwaliteiten heb je in die situatie nodig?

Niet alleen situaties die uitdagend zijn, maar ook situaties die lastig zijn voor jou kunnen een mogelijkheid bieden latente kwaliteiten te ontwikkelen. Onvrede met je huidige (werk-) situatie kan een (onbewust) signaal zijn dat nieuwe kwaliteiten in jou zich willen ontwikkelen. Dit soort signalen van onvrede zijn soms erg hinderlijk.

Een 35-jarige ondernemer vertelt: 'Mijn bedrijf loopt al jaren uitstekend. De laatste tijd echter begint er iets te knagen in mij. Wil ik dit werk blijven doen tot aan mijn pensioen?'. Deze vraag maakt mij onzeker. Alles gaat nu goed, waarom zou ik iets anders gaan doen? Aan de andere kant: misschien ben ik op zoek naar een nieuwe uitdaging. Ik weet het niet.'

6.2. Dromen en fantasieën

Naast uitdagende situaties kunnen ook dromen en fantasieën ons attenderen op latente kwaliteiten.

De meeste mensen dromen regelmatig. Er zijn twee soorten dromen: helpende dromen en verwerkingsdromen. Meestal weten we intuïtief wel om welke van de twee het in een bepaalde droom gaat. Sommige dromen blijven ons bezighouden. In dat geval is de kans groot dat er een boodschap in zit. Andere dromen hebben enkel als doel hetgeen we overdag hebben meegemaakt te verwerken. Daar hoeven we dus verder geen aandacht aan te besteden.

Dromen met een boodschap zijn als het ware wegwijzers, die komen wanneer ze nodig zijn. Waar het dan om gaat, is dat we proberen te achterhalen welke boodschap een droom in zich draagt. In dromen komen vaak onze schaduwkanten naar voren. Immers, de bewuste controle die we over onze schaduw hebben als we wakker zijn, is er tijdens de slaap niet.

Een droom kan ons wijzen op een latente kwaliteit. Vaak gaat het dan om een kwaliteit die we eigenlijk wel kennen van onszelf, maar die we 'vergeten' zijn.

> Mijn vrouw vertelt: 'Ik droom dat ik bij de dokter ben. Hij stelt mij vragen over mijn leefstijl. Of ik rook of drink, of ik gezond eet. En hij vraagt ook of ik wel genoeg plezier maak, voldoende lach. Einde droom.
>
> Toen ik de volgende dag nadacht over deze droom, realiseerde ik mij dat mijn leven de laatste maanden een beetje saai geworden was. Ik ben eigenlijk een genieter met veel humor, maar deze kwaliteiten was ik uit het oog verloren.'

Er zijn tegenwoordig diverse boeken op de markt over droomverklaring. Je kunt uit deze boeken iets leren over dromen, maar ze zijn niet geschikt om er je eigen dromen in op te zoeken. Geen enkele theorie over dromen kan recht doen aan de rijkdom van droombeelden[40]. Ieder mens heeft immers zijn eigen droomsymboliek. Bepaalde personen of voorwerpen in de droom hebben voor jou een specifieke betekenis.

Dromen spelen vaak binnen een bepaalde setting, die persoonsgebonden is en bepaalde associaties bij jou oproept. Ik heb regelmatig dromen die zich afspelen in een agrarische omgeving. Daarin ben ik opgegroeid.

Hieronder volgen enkele opmerkingen en tips bij het verklaren van dromen:

- Schrijf de droom op in de ik-vorm en in de tegenwoordige tijd, alsof je de droom nu beleeft.
- Lees de droom rustig en aandachtig door en kijk wat het gevoel is, dat je bij de droom ervaart. Kun je je nog herinneren met welk gevoel je uit de droom wakker werd?[41]
- Vertel de droom aan iemand anders. Welke gedachten of beelden krijg je bij het vertellen?
- Vraag je eens af: wat is het centrale thema van de droom? Geef de droom een titel. Is dat thema voor jou herkenbaar en kun je het toepassen op het dagelijks leven? Wat zou je concreet kunnen gaan doen naar aanleiding van de droom?
- Ga na wat de beelden en begrippen die je in de droom tegenkomt voor jou symboliseren. Deze persoonlijke associaties vormen vaak een belangrijke ingang om de droom te verklaren.
- Kijk naar hetgeen je het meest raakt in de droom.
- Neem als uitgangspunt aan, dat de personen die in de droom voorkomen bepaalde kanten van jou vertegenwoordigen, die in de droom met elkaar in dialoog zijn of met elkaar te maken hebben.
- In een aantal gevallen (als een droom abrupt ophoudt en niet af is) is het nuttig te kijken wat de volgende (logische) stap is in het verhaal. Ga dan na of die stap voor jou een mogelijk antwoord is op een vraag die jou bezighoudt.

Wanneer we een beetje oog krijgen voor onze eigen droomsymboliek, dan blijken dromen ons opeens veel te vertellen te hebben. Soms reiken ze rechtstreeks of indirect oplossingen aan voor

138

moeilijke beslissingen. Soms ontdekken we kwaliteiten waarvan we het bestaan niet (meer) kenden. Dromen kunnen ook bepaalde ideeën die we hebben versterken of ons ongezouten kritiek geven.

Fantasieën

Fantasieën vormen vaak een bron van inspiratie. Het is ook leuk te fantaseren. Immers, bij het fantaseren is 'the sky' niet eens 'the limit'. In dromen is de controle door het ego afwezig, ook bij fantasieën is die meestal een stuk minder dan normaal.

Daardoor kunnen mensen via fantasieën makkelijker in contact komen met schaduwkanten van zichzelf en zo latente kwaliteiten ontdekken.

Je kunt ook de fantasie van mensen een beetje sturen of leiden. Zo'n geleide fantasie gebruik ik regelmatig om mensen te helpen buiten de gangbare kaders en beperkingen te denken.

Een voorbeeld daarvan is een geleide fantasie waarbij deelnemers een reis met een schip maken. Iedere deelnemer zoekt daarbij een schip uit waarmee hij het liefst wil gaan varen en kiest een bestemming waar hij het liefst naar toe wil. Het wordt dus een droomreis! Na afloop van de geleide fantasie schrijft iedereen alles op wat hij gedaan heeft en wat hij tegengekomen is.

De volgende stap is dat je de fantasie naar jezelf toe vertaalt. Dat vraagt enig puzzelwerk. Een eerste uitgangspunt bij deze oefening is dat hetgeen je fantaseert, iets over jezelf zegt. Het tweede uitgangspunt is dat hetgeen je leuk vindt, iets zegt over jouw kwaliteiten. Bovendien zijn de beelden in de fantasie en de uitleg ervan heel persoonlijk.

Enkele voorbeelden van vragen die je jezelf kunt stellen bij deze fantasie:

* Wat is kenmerkend aan het schip dat je gekozen hebt? Is dat ook kenmerkend aan jou? Een deelneemster die een schip had dat diep door het water ging, herkende dat ze heel goed diep op din-

139

gen in kon gaan. Een ander had een duikboot, die voor hem de kwaliteit 'nieuwsgierigheid' symboliseerde.

- Wat was je taak op het schip? Welke kwaliteiten zitten in het vervullen van die taak? Herken je die bij jezelf? Een deelnemer was de kapitein op het schip, maar geloofde in eerste instantie niet dat hij leidinggevende kwaliteiten had.
- Welke bestemming had je? Wat vond je daar leuk aan? Kun je daar kwaliteiten aan koppelen? Iemand had een heleboel verschillende dingen gedaan op zijn reis. Voor hem symboliseerde dat zijn veelzijdigheid.

Analyse van de bovenstaande geleide fantasie levert een lijstje met kwaliteiten op. Daarbij zitten vaak ook één of meer (half-)latente kwaliteiten.

6.3. Lichamelijke klachten

De relatie tussen lichamelijke klachten en de manier waarop mensen bezig zijn in hun leven wordt in onze samenleving steeds vaker onderkend. Kijken we in dit kader naar kwaliteiten en vervormingen, dan zijn er twee mogelijkheden[42]. De ene mogelijkheid is dat een vervorming van een kwaliteit tot lichamelijke klachten leidt, bijvoorbeeld in het geval dat overbezorgdheid hoofdpijn tot gevolg heeft. De andere mogelijkheid is dat het niet inzetten van een kwaliteit tot klachten leidt.

Een aantal jaren geleden had ik een jeukende vorm van huiduitslag op beide bovenarmen. Een bezoek aan de huisarts resulteerde in een zalf, die alleen hielp zolang ik die erop smeerde. Deed ik dat niet, dan kwam na een tijdje de huiduitslag weer terug. De zalf werkte dus alleen maar onderdrukkend.

Doordat de huiduitslag niet verdween, ging ik me bezighouden met de vraag: heeft deze kwaal mij iets te vertellen over de manier waarop ik met bepaalde dingen omga? Het duurde een hele tijd voordat ik het antwoord gevonden had.

Een consult bij een lichaamsgerichte therapeut gaf duidelijkheid. Zijn diagnose was dat er iets in mij was wat naar buiten wilde via mijn armen. Het ging om expressie, die door mij werd tegengehouden en die daarom symbolisch via huiduitslag naar buiten kwam. Vrij vertaald betekende dat in mijn situatie, dat ik mijn gevoelens naar buiten moest brengen. Daarin was ik terughoudend. De kwaliteit die daaronder verstopt lag, was 'openheid'. Dit was voor mij helder en herkenbaar, zodat ik er iets mee kon gaan doen. Dat lukte, en na een tijdje verdween de huiduitslag.

Net zoals dromen iets kunnen zeggen over onze schaduw, zo kunnen lichamelijke klachten dat dus ook. In het bovenstaande voorbeeld was 'openheid' een half-latente kwaliteit. In een aantal situaties gebruikte ik deze kwaliteit immers niet.

Dethlefsen en Dahlke gaan ervan uit dat veel lichamelijke klachten samenhangen met onze schaduw. Onevenwichtigheid in de manier waarop we met onszelf omgaan komt volgens hen op lichamelijk vlak terug in de vorm van een verhoogde vatbaarheid voor bepaalde klachten of ziekten.

Op deze manier maakt ziekte soms heel eerlijk iets duidelijk. Het ontmaskert wat we van en voor onszelf (in onze schaduw) verborgen houden. Een lichamelijke klacht kan verborgen kwaliteiten (weer) aan het licht brengen.

Het bovenstaande voorbeeld geeft ook aan dat het vaak moeilijk is het verband tussen lichamelijke klachten en het eigen functioneren te vinden. Het is een unieke, persoonlijke speurtocht, die vraagt om denken in de vorm van analogieën en symbolen. Dat is iets wat de meeste mensen niet geleerd hebben. Dethlefsen en Dahlke proberen mensen hierbij te helpen door bij klachten vragen te formuleren. Bijvoorbeeld: Wat ligt je zwaar op de maag? (bij maagklachten). Wat bezorgt je hoofdbrekens? (bij hoofdpijn). Waar krijg je het benauwd van? (bij ademhalingsklachten).

Niet bij elke lichamelijke klacht is er een duidelijk verband te vinden tussen die klacht en de wijze waarop je met jezelf omgaat. Ik houd wel steeds de mogelijkheid open dàt er een verband is. In het algemeen zou je kunnen zeggen, dat het je iets te zeggen heeft wanneer klachten vaker terugkomen.

Voorzichtigheid is geboden bij het leggen van verbanden tussen lichaam en geest. Eenzelfde kwaal kan immers voor verschillende mensen een verschillende boodschap hebben. Je kunt dus niet zeggen: als iemand huiduitslag op de bovenarm heeft, dan gaat hij op een onhandige wijze met zijn gevoelens om. Het is net als bij droomuitleg: ieder heeft zijn eigen symboliek.

6.4. Hobbels bij de ontwikkeling van latente kwaliteiten

Latente kwaliteiten zijn kwaliteiten die al in ons aanwezig zijn, echter de weg moet nog worden vrijgemaakt om ze tot uitdrukking te laten komen. Een latente kwaliteit kunnen we ontwikkelen door deze steeds meer in te zetten. Zo'n 'nieuwe' kwaliteit ontwikkelt zich naar half-latent en later wellicht naar manifest.

Een half-latente kwaliteit kan zich ontwikkelen tot een manifeste kwaliteit. Zo'n kwaliteit gebruikte je af en toe al wel, maar er zijn nog meer situaties waarin je dat kunt doen. Veel mensen maken een te strenge scheiding tussen werk en privé, in de zin dat ze bijvoorbeeld sommige kwaliteiten 'reserveren' voor hun privéleven, omdat ze denken dat die in hun werk niet nuttig zijn. Het is gemakkelijker een half-latente kwaliteit te ontwikkelen dan een latente. Deze laatste categorie is immers moeilijker te herkennen. Bovendien duurt het vaak een tijdje voordat mensen geloven dat ze die bepaalde kwaliteit ook werkelijk bezitten.

Latente kwaliteiten en onzekerheid

Als je voor jezelf helder hebt welke kwaliteit bij jou (verder) ontwikkeld kan worden, ben je er nog niet. 'Weten' is iets anders dan 'doen' en 'eigen maken'. Je kunt daarbij verschillende hobbels tegenkomen.

Een eerste hobbel is je eigen onzekerheid, twijfel of schaamte. Op het moment dat je je bijvoorbeeld veel spontaner gaat gedragen dan tevoren, kun je bang worden. Je hebt wellicht de neiging te denken: 'Ik doe het niet meer, ik vind het te eng'.

Het kan ook voorkomen dat je gaat twijfelen: past deze kwaliteit echt wel bij mij? Die past niet bij mijn zelfbeeld! Je zult dan je zelfbeeld moeten aanpassen. Vaak verzetten mensen zich daartegen.

Een deelnemer aan een sollicitatietraining vertelt: 'Voordat ik aan deze training begon, had ik het idee dat de kwaliteit 'enthousiasme' niet echt een kwaliteit van mij was. Ik zag mezelf vooral als een rustig en nuchter persoon. Overigens bewonderde ik wel enthousiaste mensen. Op verzoek van de docent ging ik in een sollicitatiegesprek oefenen met deze kwaliteit.

Na afloop van het gesprek was mijn reactie: 'Dit is toneelspelen. Zo ben ik helemaal niet. Ik heb het gevoel dat ik de boel belazer.'

De rest van de groep reageerde tot mijn verbazing positief. Ik kwam volgens hen veel beter uit de verf. Na het bekijken van de video-opnames was ik het daar wel mee eens. Echter, mijn twijfels bleven bestaan.

In de weken na de training bleef de vraag me bezighouden of enthousiasme wel een kwaliteit van mij was. Nu, vier maanden later, ben ik tot de conclusie gekomen dat ik veel meer enthousiasme in me heb dan ik dacht'.

Een tweede mogelijke hobbel bij het ontwikkelen van een latente kwaliteit is de reactie van de omgeving. Soms juichen anderen de verandering toe, een andere keer reageren ze negatief. De oorzaak daarvan is meestal dat anderen ook anders op jou moeten gaan reageren, doordat jij veranderd bent. Daar hebben ze meestal geen zin in. In plaats van hun eigen gedrag aan te passen, proberen mensen de verandering bij jou te niet te doen, door er negatief op te reageren.

Voor jezelf werkt het vaak inspirerend latente kwaliteiten te benutten. Je krijgt het gevoel dat je echt leeft. Het zelfvertrouwen en het gevoel van eigenwaarde stijgt. 'Oude bekende' kwaliteiten kunnen hierdoor echter wat meer op de achtergrond raken. De nieuwe kwaliteit komt in jouw persoonlijke top tien van kwaliteiten. Een andere kwaliteit daalt een paar plaatsen of verdwijnt er helemaal uit.

Het is interessant elk jaar een top tien te maken van je kwaliteiten. Het belangrijkste criterium daarbij is de mate waarin een kwaliteit je het meest dierbaar is en je het meeste plezier geeft. Na een paar jaar kan zo'n jaarlijkse top tien een beeld geven van jouw ontwikkeling in die periode.

Opdrachten

1. Voer de twee opdrachten op blz. 129 uit. Ga na wat de resultaten van deze opdrachten zeggen over jouw kwaliteiten en vervormingen. Gebruik daarbij hetgeen er beschreven staat op blz. 129-133.
Een suggestie hierbij is de personen waar het om gaat zelf zo le-

vensecht mogelijk uit te beelden. Doe eens alsof je hen bent en merk wat dit met jou doet.

2. Stel, je zou geboren zijn in de Middeleeuwen en je zou naar eigen keuze een beroep of bezigheid kunnen kiezen. Wat zou je het liefste doen? Welke kwaliteiten zou je daarin kwijt kunnen? Zijn daar kwaliteiten bij die op dit moment (half-)latent zijn bij jou? Zo ja, welke? (De reden in deze opdracht de Middeleeuwen te kiezen is, dat de samenleving toen een stuk eenvoudiger was dan dat ze nu is. Mensen kunnen zo makkelijker kiezen voor hetgeen ze leuk vinden).

3. Wat zou een droomberoep- of tijdbesteding zijn, als er geen beperkingen waren voor jou ten aanzien van kennis, mogelijkheden etc.? Welke kwaliteiten zou je daarin kwijt kunnen? Staan er in dit rijtje kwaliteiten die (half-)latent zijn?

4. Probeer er eens achter te komen hoe je als kind was. Je kunt daarover gaan praten met familieleden. Welke kwaliteiten had je vroeger als kind? Heb je die kwaliteiten nog steeds of ben je er een of meerdere van 'kwijtgeraakt'?

5. Neem een recente droom in gedachten, waarvan je het gevoel hebt dat er een boodschap in zit. Probeer aan de hand van de suggesties in paragraaf 6.2 na te gaan wat de betekenis is van deze droom.

7

OMGAAN MET VERVORMDE KWALITEITEN

Soms is men jaren bezig alvorens men kan omgaan met een vervelende eigenschap van zichzelf. Men vraagt zich daarbij soms af hoe het mogelijk is dat een goede kwaliteit ontaardt in wat in het dagelijks spraakgebruik een 'slechte' eigenschap wordt genoemd. De neiging bestaat deze eigenschap, dit ongewenste deel van de persoonlijkheid, als het ware af te snijden en weg te gooien.

In termen van het in hoofdstuk 2 beschreven kleurenpalet: mensen willen een bepaalde kleur uit hun kleurenscala weggooien, omdat ze met dat kleurpotlood krassen en ermee door het papier heen gaan. Het gaat er echter niet om dat ze de kleur weggooien, maar wel dat ze ophouden met krassen! Dat is één manier om naar vervormde kwaliteiten te kijken.

Het kan ook voorkomen dat je uiteindelijk tot de conclusie komt dat er niets te doen valt aan een bepaalde vervorming en dat je er maar mee moet leven .... Maar ondertussen verwijt je jezelf wèl steeds dat je die eigenschap hebt.

Voor mensen die aan hun vervormingen willen werken is vaak een hele kunst dat op een 'leuke' manier te doen. De neiging bestaat het als een taaie opgave te zien. Wat daarbij kan helpen is het besef dat in onze minst prettige eigenschappen groeimogelijkheden voor onszelf opgesloten liggen. Zo wordt het werken aan vervormingen als het vissen van een parel uit de modder.

7.1. Op zoek naar vervormingen

Als je aan de slag wilt gaan met bepaalde vervormingen van jezelf, is de eerste stap dat je vaststelt dat het daadwerkelijk om een vervorming gaat. Dat is niet altijd even eenvoudig. Soms vindt de omgeving een bepaalde eigenschap een vervorming en vind je dat zelf niet. Jij vindt jezelf zorgvuldig, terwijl sommige anderen je een pietlut vinden. Wie heeft er dan gelijk? Andersom is het natuurlijk ook mogelijk: jij vindt jezelf pietluttig, maar de omgeving ervaart dat niet als zodanig.

Het eerste en belangrijkste criterium bij het vaststellen van een vervorming is of je er zelf last van hebt. Daarnaast kun je kijken in hoeverre je omgeving er last van heeft. Dat vraagt het vermogen 'objectief' te kunnen kijken naar die omgeving.

In een (werk-)omgeving kunnen situaties voorkomen die mensen als negatief ervaren. Dan is het voor veel mensen moeilijk om objectief naar de eigen kwaliteiten en vervormingen te kijken. Twee mogelijkheden zijn daarbij te onderscheiden. De eerste is dat iemand een vervorming van zichzelf als een kwaliteit ervaart.

> Zo vertelde een psychiatrisch verpleegkundige dat ze de eigenschap 'wantrouwig' als een kwaliteit zag. Haar uitleg was: 'Je moet in mijn vak altijd bedacht zijn op trucs die patiënten met je willen uithalen'.

De tweede mogelijkheid bij een situatie die iemand als negatief ervaart, is dat hij een kwaliteit van zichzelf als een vervorming ziet.

> Een cursist deelde zijn eigenschap 'directheid' in bij de vervormingen. Binnen zijn organisatie was de norm dat je je baas niet mocht tegenspreken. Het was uit den boze gewoon eerlijk je mening te geven.

Het komt ook voor dat iemand een vervorming van zichzelf in sommige situaties als positief ziet en in sommmige situaties als negatief. Hetzelfde kan gelden voor een kwaliteit.

> Een docent die les gaf aan ongeïnteresseerde leerlingen vertelde dat hij de eigenschap 'botheid' in zijn werk als een kwaliteit zag, maar in zijn privéleven als een vervorming. Het botte gedrag hielp hem om te overleven. Leuk was anders .....

Als je een situatie als negatief ervaart of als een ander vanuit een vervorming naar jou toe reageert, dan is aan jou de keuze hoe je daarmee omgaat. Reageer jij ook vanuit een vervorming? Vaak roepen vervormingen elkaar immers op.

De omgeving attendeert je soms op een vervorming en stelt daarmee een zekere 'bedrijfsblindheid' met betrekking tot je eigen functioneren aan de kaak. Een vervorming valt ook voor de omgeving niet altijd op. Een mogelijkheid is dan dat een droom je op een vervorming attendeert.

> Ik droomde dat mijn vader op vakantie was en dat ik het beheer had over zijn boerderij. Het was zomer en de tijd was aangebroken het graan te oogsten. Het gewas dat het eerste rijp was, was de wintergerst. Toen ik bij het betreffende perceel ging kijken, ontdekte ik tot mijn ontsteltenis dat ongeveer vijf % van de aren nog verre van rijp was.
>
> In de dagen daarna liep ik regelmatig rondom het perceel, niet wetend wat ik moest doen. Ik besloot te wachten totdat de onrijpe aren ook rijp waren. Dit duurde een hele tijd. Zolang zelfs dat de rijpe aren overrijp werden, op de grond vielen en zo verloren gingen voor de oogst.

Deze droom attendeerde mij op de vervorming 'perfectionisme'. De oogst moest perfect zijn, maar ging daardoor grotendeels verloren. Ik herkende de vervorming bij mezelf in die zin dat ik in allerlei situaties te hoge eisen stelde aan mezelf of aan mijn werk. Ook had ik de neiging me teveel bezig te houden met wat ik nog niet goed vond aan mezelf (het onrijpe graan). Dat belemmerde mij en daardoor had ik veel minder plezier in wat ik deed, net zoals in de droom. Ik realiseerde me dat deze vervorming veel meer negatieve gevolgen had dan ik gedacht had.

Uit deze droom leerde ik twee dingen. Ten eerste dat ik ook tevreden moet kunnen zijn met een 95 % resultaat. Ten tweede dat ik mijn handelen meer moet laten bepalen door hetgeen ik goed vind aan mezelf dan door hetgeen ik niet goed vind. Vaak ontwikkelt dit 'onrijpe' zich immers vanzelf wel. Een interessant detail is dat in de praktijk van het oogsten van graan het ook zo werkt: wanneer graan wordt geoogst waarvan 95 % van de korrels rijp zijn, dan is de overige vijf % na enkele dagen opslag ook rijp. Het teveel aan vocht in de onrijpe korrels trekt in de rijpe korrels. Op deze manier gaat er niets verloren!

Het vraagt vaak wel enig gepuzzel om erachter te komen hoe bij jou de vork in de steel zit met betrekking tot een bepaalde vervorming. De eerste stap is dat je een bepaalde vervorming volledig onderkent en erkent.

De volgende twee paragrafen geven vanuit twee invalshoeken inzicht in de achtergronden van vervormingen. In het eerste geval raken twee tegenovergestelde kwaliteiten uit balans, waardoor de ene vervormt, en de andere kwaliteit (deels) latent wordt.

De tweede manier waarop je naar een vervorming kunt kijken is deze te zien als maskergedrag. Dan wordt een vervorming gebruikt in plaats van een kwaliteit, omdat je het moeilijk vindt de kwaliteit in te zetten.

Zo kun je een aanzienlijk deel van je vervormingen herleiden naar hun kwaliteiten. Soms is het in eerste instantie niet eenvoudig vast te stellen welke invalshoek bij een bepaalde vervorming van toepassing is. Dat wordt meestal vanzelf duidelijk bij een nadere analyse - eventueel met hulp van anderen.

7.2. Kwaliteiten uit balans

Een manier om naar vervormde kwaliteiten te kijken is vanuit de optiek van een verstoorde balans. Een vervorming is dan een signaal van een onevenwichtigheid binnen jezelf, met als gevolg dat een kwaliteit doorslaat naar zijn vervorming. Vergelijk het met een weegschaal waar aan de ene kant teveel gewicht op ligt of aan de andere kant te weinig, waardoor deze doorslaat. Dan kun je gaan onderzoeken wat er op beide kanten van de balans ligt, om welke kwaliteiten en vervormingen het gaat. Een teveel van de ene kwaliteit is vaak het gevolg van een te weinig van een tegenovergestelde kwaliteit.

Om binnen jezelf de onevenwichtigheid die aanleiding geeft tot het ontstaan van een vervorming op te sporen, is het van belang de kwaliteit achter de vervorming te zoeken. Veel mensen slagen daar niet in, omdat ze zich niet kunnen voorstellen dat er iets positiefs zit achter een slechte eigenschap waar ze een hekel aan hebben.

Een hulpmiddel hierbij is een door Ofman[43] beschreven kwadrant van kwaliteiten en vervormingen: het kernkwadrant (zie figuur 7). Een kernkwadrant bestaat uit twee tegenovergestelde, elkaar aanvullende kwaliteiten en de vervormingen van beide kwaliteiten. Door middel van zo'n kernkwadrant is het mogelijk om een bepaalde vervorming in samenhang te zien met andere kwaliteiten en vervormingen die er direct invloed op hebben.

Daadkracht en geduld zijn tegenovergestelde kwaliteiten. Drammerigheid en passiviteit zijn de vervormingen van deze

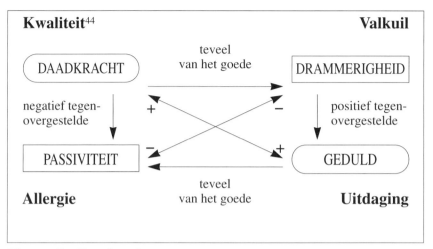

Figuur 7. Kernkwadrant

kwaliteiten en zijn ook elkaars tegenovergestelde. Daarnaast is geduld het positief tegenovergestelde van drammerigheid en passiviteit het negatief tegenovergestelde van daadkracht.

Laten we - op basis van dit voorbeeld - ervan uit gaan dat iemand zichzelf drammerig vindt en deze eigenschap een vervorming of valkuil van zichzelf vindt. Na het invullen van het kernkwadrant blijkt dat de drammerigheid ontstaat doordat de balans tussen daadkracht en geduld verstoord is. Hij heeft zich uitsluitend op de kwaliteit daadkracht gericht en de kwaliteit geduld links laten liggen. De kwaliteit geduld is in de schaduw terecht gekomen en latent geworden. Voor deze persoon is het dus een uitdaging, de kwaliteit geduld te gaan ontwikkelen.

Het feit dat de genoemde kwaliteit in de schaduw terecht is gekomen, heeft nog een ander gevolg. Meestal gaat deze persoon zich bij een ander ergeren aan de vervorming van zijn eigen latente kwaliteit. Hij kan dus allergisch worden voor passiviteit. Dit is te verklaren vanuit het mechanisme van projectie.

Als je het moeilijk vindt de kwaliteit op te sporen achter je eigen

151

vervorming of als je je niet bewust bent van sommige vervormingen van jezelf, kan het kernkwadrant een nuttig hulpmiddel zijn.

Bij het zoeken naar de kwaliteit achter de vervorming, kun je als volgt te werk gaan. Kies eerst de vervorming (valkuil) waar je naar wilt kijken. Zoek vervolgens de allergie. De vraag is dan: welke vervorming is het tegenovergestelde van je eigen vervorming? Stel dat de eigen vervorming wispelturigheid is. De tegenovergestelde vervorming is starheid. Aan de tegenovergestelde vervorming heb je meestal een hekel, het is de allergie. Dan kun je kijken welke de kwaliteit achter die vervorming is. Starheid is een vervorming van vasthoudendheid. Vasthoudendheid is dan de uitdaging. Vanuit de uitdaging zoek je de tegenovergestelde kwaliteit. Dat is flexibiliteit. Flexibiliteit is dan de kwaliteit achter de oorspronkelijke vervorming wispelturigheid.

De volgorde bij het invullen van het kernkwadrant is dus: valkuil, allergie, uitdaging en kwaliteit.

Sommige mensen hebben niet zo'n helder beeld van hun eigen vervormingen, bijvoorbeeld omdat ze deze niet willen zien. Ook in dat geval kan een kernkwadrant een nuttig hulpmiddel zijn. Bij het invullen van het kwadrant is dan de allergie het startpunt. De eerste vraag is dan: aan welke vervelende eigenschap heb je een hekel bij een ander? Stel dat dat luiheid is. De volgende vraag is: welke vervorming is het tegenovergestelde van luiheid? Dat kan voor jou fanatisme zijn. Wellicht is fanatisme dan je eigen valkuil. Vervolgens is de vraag: waar is fanatisme een vervorming van? Van enthousiasme bijvoorbeeld. Om het kernkwadrant kompleet te maken rest dan nog de vraag: welke kwaliteit is het tegenovergestelde van enthousiasme? Rustig blijven of kalmte bijvoorbeeld. De afgelegde route bij het invullen van het kernkwadrant is in dit geval dus: allergie, valkuil, kwaliteit, uitdaging.

Het uitgangspunt bij het starten vanuit de allergie is, dat veel mensen een hekel hebben aan de vervorming die tegenovergesteld is aan hun eigen vervorming (zie ook paragraaf 6.1).

Ook komen mensen vaak in hun eigen vervorming terecht op het moment dat ze bij een ander geconfronteerd worden met hun allergie. Soms is de confrontatie met de allergie bij een ander niet eens nodig om in de eigen vervorming terecht te komen. Dat is het geval als de angst voor de allergie heel groot is.

> Tijdens een training presentatietechnieken kreeg een van de deelnemers van de toehoorders als commentaar dat hij zich te bescheiden opstelde. Hij gaf als reactie: 'Ik doe dit vaak bewust, want ik ben bang om arrogant over te komen'.

Ook hebben sommige mensen de neiging hun 'uitdaging' als negatief te bestempelen, zodra ze deze bij een ander tegenkomen. Ben ik bijvoorbeeld zelf heel flexibel, dan zal ik vasthoudendheid al gauw als starheid benoemen.

Kernkwadranten zijn erg geschikt voor zelfonderzoek. Je kunt ze ook gebruiken om latente kwaliteiten op te sporen (zie paragraaf 6.1).

Kernkwadranten kunnen op verschillende manieren gecontroleerd worden op juistheid. Elk hoekpunt kan vanuit de andere drie hoekpunten worden gevonden. Een kwaliteit bijvoorbeeld kun je vinden vanuit de vervorming, de uitdaging en de allergie.

Het invullen van kernkwadranten is niet altijd even makkelijk. Als je een kernkwadrant koppelt aan een concrete situatie, gaat het meestal beter. Ook is het belangrijk je eigen woorden te kiezen. Het is vaak niet eenvoudig het juiste woord voor een kwaliteit of vervorming te vinden. Eenzelfde kwaliteit kan ook door twee verschillende mensen op verschillende manieren benoemd worden. Bovendien heeft een bepaalde kwaliteit voor de ene persoon een iets andere vervorming dan voor de ander.

Herstel van de balans

Hoe kun je de verstoorde balans binnen jezelf herstellen en zo de vervorming opheffen? Het antwoord klinkt erg simpel en wellicht daardoor voor veel mensen ook ongeloofwaardig. Het gaat er eenvoudigweg om dat je een kwaliteit (de uitdaging) meer moet gaan inzetten.

Het is verstandig je af te vragen wat er de oorzaak van is dat je een kwaliteit te weinig gebruikt. Soms word je geblokkeerd door een beeld, al of niet in samenhang met overdracht. Heb ik bijvoorbeeld het beeld dat anderen mij niet meer aardig vinden als ik krachtig optreed, dan kan dat een reden zijn de kwaliteit kracht achter te houden. Als gevolg daarvan ontstaat vaak ook een soort 'ophoping'. Op een bepaald moment is 'de emmer vol' en vervormt kracht tot agressie. Een kwaliteit die (tijdelijk) latent wordt en in de schaduw terecht komt, vervormt meestal. Op onbewaakte momenten komt deze vervorming naar buiten. Daarmee is de verstoorde balans binnen jezelf een feit.

Een vraag die mensen zich bij het zoeken naar de balans binnen hun kwaliteiten regelmatig stellen, is: in welke mate heb ik de kwaliteit die ik nu te weinig inzet in mij?

Laten we uitgaan van het voorbeeld dat eerder ter sprake kwam, en waarbij het ging om de kwaliteiten daadkracht en geduld. Als je vooral daadkrachtig bent en de kwaliteit geduld verwaarloosd hebt, kun je je afvragen: ben ik wel een geduldig iemand?

Het uitgangspunt bij het zoeken naar de balans tussen twee kwaliteiten is het streven beide kwaliteiten in dezelfde mate in te zetten als dat ze aanwezig zijn bij die persoon. Soms zijn ze net zo sterk aanwezig, maar vaak is dat niet zo. Als daadkracht bij de betreffende persoon op de eerste plaats in zijn top tien van kwaliteiten staat en geduld op de achtste plaats, dan gaat het erom ze allebei de juiste plek te geven. De vraag is: wanneer is er evenwicht? Je kunt dit vergelijken met een weegschaal die men vroeger gebruikte, en waarbij aan beide kanten een gewicht gehangen werd. Ook al hangen er twee gewichten (lees: kwaliteiten) aan van verschillende zwaarte, dan nog kan er evenwicht zijn. Dit is het geval wanneer het ene gewicht wat verder van het draaipunt af hangt dan het andere.

Is een vervorming het gevolg van een onbalans binnen je kwaliteiten, dan kun je bij het omgaan hiermee drie stappen onderscheiden:

1. *Situatiebeschrijving*. Beschrijf de omstandigheden en je gesteldheid waarin de vervorming naar voren komt. Wat wilde je, wat dacht je, wat voelde je en wat deed je? Kijk ook naar de aanleiding waardoor je in de vervorming terecht kwam. Geef aan wat het effect is van de vervorming op jezelf en op anderen.

2. *Analyse*. Maak een kernkwadrant voor deze situatie. Daaruit volgt onder andere de kwaliteit die je te weinig inzet (de uitdaging), waardoor de tegenovergestelde kwaliteit vervormd raakt. Ga na welke beelden of gevoelens er de oorzaak van zijn dat je je uitdaging te weinig inzet.

3. *Actie*. Bepaal voor jezelf wat je kunt doen om de verstoorde balans te herstellen, hoe je het beste kunt handelen als de betreffende situatie zich weer voordoet. Welke beelden zijn ongegrond?

> Een cursist vertelt: 'Tijdens een functioneringsgesprek vertelde de leidinggevende mij dat hij vond dat ik tijdens de werkoverleggen vaak passief was en dat hij dat jammer vond. Ik herkende dit.
> Tijdens de analyse van dit gedrag tijdens een cursus

155

bemerkte ik dat 'passiviteit' voor mij de vervorming is van de kwaliteit 'rustig'. Mensen vinden mij over het algemeen een rustig persoon. Zo ervaar ik dat zelf ook. Als er een mening gevraagd wordt, heb ik die meestal wel, maar ik wacht af totdat anderen hun zegje gedaan hebben. Vervolgens is hetgeen ik wil zeggen meestal toch al gezegd, waardoor ik helemaal niets meer zeg. Ik vind het zonde van de tijd nog eens te herhalen wat anderen ook al gezegd hebben. Zo word ik gaandeweg steeds passiever.

In deze situatie is het voor mij van belang de balans te vinden tussen actief en rustig. Ik wil me alleen actief opstellen als ik een nuttige bijdrage kan leveren. Dit uitgangspunt kan ertoe leiden dat ik me te weinig actief opstel. Zeker als ik kansen iets te zeggen voorbij laat gaan. Om dit te voorkomen wil ik voortaan in een situatie waarin ik mijn mening kan geven, dat ook zo snel mogelijk doen. Dan raak ik ook meer bij het gesprek betrokken.'

In dit voorbeeld is het vrij makkelijk de vervorming op te lossen. Vaak is dat echter aanzienlijk moeilijker, vooral als dieperliggende beelden of gevoelens en overdracht een rol spelen.

We hebben gezien dat bij de meeste vervormingen die het gevolg zijn van een verstoorde balans, twee tegenovergestelde kwaliteiten en vervormingen betrokken zijn. Deze vier eigenschappen kunnen weergegeven worden in een kernkwadrant.

Soms ligt bij een verstoorde balans de zaak ingewikkelder. Zeer uiteenlopende vervormingen kunnen elkaar binnen jezelf oproepen.

Een manager kwam er tijdens een cursus achter, dat bij hem de kwaliteit zorg vaak vervormde tot betutteling. Als gevolg daarvan bemoeide hij zich teveel met het werk van zijn medewerkers. Zijn eigen werk kwam zo in het gedrang. Op deze manier vervormde zijn kwaliteit levendigheid tot rusteloosheid. Betutteling had zo indirect rusteloosheid tot gevolg.

Een kwaliteit van iemand vervormt soms ook als deze niet gezien of erkend wordt door de omgeving. Stel dat iemand als kwaliteit flexibiliteit heeft en dat de omgeving daar geen aandacht voor heeft. Deze kwaliteit vervormt dan tot 'met alle winden meewaaien'. Zo krijgt hij wel een respons van de omgeving, ook al is het op een negatieve manier. Gebeurt dit vaker, dan wordt de vervorming een gewoonte: flexibiliteit kan alleen nog ingezet worden als met alle winden meewaaien.

7.3. Vervorming als masker

Een tweede manier om naar vervormde kwaliteiten te kijken is vanuit het uitgangspunt dat een vervorming een vorm van maskergedrag is. Het is een vermomming van wat je eigenlijk wilt. In dit geval gaat het erom na te gaan, welke kwaliteit achter het masker van de vervorming verborgen zit. Dat kan per persoon en per situatie heel verschillend zijn.

Een cursist vertelt: 'Tijdens een teamtraining werden door middel van het Kwaliteitenspel de sterke en zwakke kanten van elk teamlid in beeld gebracht. Ik kreeg als vervormingen 'hard' en 'agressief' van andere teamleden toebedeeld. Sommigen voelden zich door mijn scherpe tong en mijn harde opstelling de grond in geboord. Ze vonden dat ik met dit gedrag onnodig schade aanrichtte binnen het team. Eén teamlid vertelde dat hij bang voor mij was geworden. Kortom, reden genoeg mijn gedrag eens nader te bekijken.

Tijdens de bespreking werd mij duidelijk dat ik dit gedrag vertoon in situaties waarin ik zelf geen antwoord weet op het probleem dat er ligt en ik zeker meen te weten, dat de oplossingen die anderen naar voren brengen totaal verkeerd zijn. In plaats van bescheiden te zijn en te zeggen dat ik het ook niet weet, probeer ik mezelf onkwetsbaar te maken door me hard en agressief op te stellen. Ik haal kennelijk liever anderen onderuit, dan dat ik zeg dat ik ook geen oplossing weet.'

In het bovenstaande voorbeeld zijn de vervormingen 'hard' en 'agressief' het masker van 'bescheidenheid'. De persoon in kwestie doet liever hard en agressief dan bescheiden.

Een bevriende therapeute gebruikt bij het zoeken naar de oorspronkelijke, gewenste kwaliteit achter het maskergedrag het zinnetje: 'Ik doe liever (vervorming invullen), dan dat ik ...' (kwaliteit invullen). Is de kwaliteit die men vermijdt, opgespoord, dan is de volgende stap nagaan wat de oorzaak van het maskergedrag is. Vervolgens moet je oplossingen hiervoor zoeken. Onjuiste beelden spelen ook hier een hoofdrol.

Secundaire behoeften

In het bovenstaande voorbeeld wilde het betreffende teamlid zich onkwetsbaar maken. Om dit te bereiken gebruikte hij de vervormingen 'hard' en 'agressief'. 'Onkwetsbaarheid' is een secundaire- of substituutbehoefte.

Een secundaire behoefte kan zich manifesteren als je onder druk komt te staan. Je denkt dan dat de primaire of ware behoefte niet meer mogelijk is, en je komt terecht in een vervangende of secundaire behoefte. Ter vergelijking: je wilt echte bloemen, maar omdat je denkt dat die er niet zijn, neem je genoegen met kunst-bloemen. Liever een surrogaat dan helemaal niets. Dit kan ook on-bewust gebeuren.

Vervolgens gaan mensen vaak vervormingen inzetten om die secundaire behoeften te realiseren. De secundaire behoefte is dan de drijfveer achter de vervorming. De ene persoon wil goedkeu-ring van zijn baas en gaat daarom overdreven vriendelijk doen. Een ander probeert zijn collega te misleiden om hem in zijn macht te houden.

Bij de invalshoek dat een vervorming maskergedrag is, spelen secundaire behoeften een belangrijke rol. De kunst is na te gaan wat de primaire behoefte is (wat je eigenlijk wilt), en deze met de daarbij behorende kwaliteit tot uitdrukking te brengen.

Er zijn drie secundaire behoeften[45]: macht, goedkeuring en on-kwetsbaarheid. Bij 'macht' probeer je de controle te houden over anderen. Het beheersen van de omgeving staat centraal. Je gaat als het ware boven de situatie staan. Andere mensen worden vaak ge-zien als pionnen om mee te spelen.

'Goedkeuring' als secundaire behoefte houdt in dat je erop ge-richt bent die dingen te doen waarvan anderen zullen zeggen dat je het goed gedaan hebt. Je wilt dan graag dat de omgeving 'ja' te-gen jou zegt.

De secundaire behoefte 'onkwetsbaarheid' heeft als belang-rijkste kenmerk een houding van 'mij krijg je niet'. Een persoon schermt het eigen terrein af en zet daar een muur omheen, zodat anderen geen invloed op hem kunnen uitoefenen.

Vaak worden secundaire behoeften niet openlijk geuit, maar fun-geren ze als een verborgen agenda. Doordat secundaire behoeften vervormde kwaliteiten oproepen, gaan ze meestal ten koste van de kwaliteit van het contact tussen mensen.

Andere vervelende effecten van secundaire behoeften zijn ver-slaving en vervreemding. Soms raken mensen verslaafd aan een secundaire behoefte, bijvoorbeeld 'macht'. Zo'n verslaving is vergelijkbaar met het drinken van zout water: iemand gaat steeds meer drinken en hij krijgt nooit genoeg.

Een persoon kan ook zó gewend raken aan de secundaire behoefte, dat hij gaat denken dat deze een wezenlijk deel uitmaakt van zijn persoonlijkheid. Hij raakt vervreemd van zichzelf, omdat hij hetgeen hij werkelijk wil (de primaire behoefte) uit het oog verliest.

Er is een koppeling te maken tussen de vormen van indirecte weerstand uit hoofdstuk 3 en de secundaire behoeften. Zo uit de secundaire behoefte 'macht' zich door middel van de trotse of agressieve weerstand. 'Onderdanigheid' kan het gevolg zijn van de secundaire behoefte 'goedkeuring'. De trotse en de teruggetrokken weerstand zijn soms uitingsvormen van de secundaire behoefte 'onkwetsbaarheid'.

Ook maakt een secundaire behoefte vaak deel uit van een karakterstructuur. Zo komen de afwezige en de afstandelijke structuur het eerst in onkwetsbaarheid terecht, de onverzadigbare en de opofferende structuur in goedkeuring, en de wantrouwige structuur in spelen met macht.

Vervormingen en plezier

Naast secundaire behoeften speelt nog iets anders mee bij de vervorming als maskergedrag, namelijk een heimelijk plezier. Dit verborgen plezier kan op twee manieren een rol spelen bij vervormingen.

In de eerste plaats is er de opluchting die je beleeft doordat je iets vermijdt dat je eng vindt. De kwaliteit die je moeilijk vindt in te zetten, hoef je gelukkig niet te gebruiken. In plaats daarvan laat je een vervorming zien.

Een andere mogelijkheid is, dat het uiten van de vervorming zelf aanleiding geeft tot heimelijk plezier.

160

Een vrouw vertelt: 'Een van mijn vervormingen is agressief reageren. Mijn partner reageert in zo'n situatie heel teruggetrokken. Binnen mezelf lach ik hem dan uit. Zo van: 'Ik heb jou lekker te pakken'. Echter, dit plezier laat ik niet zien, het is geheim. Ook als naderhand het contact met hem weer goed is, vertel ik niet hoeveel plezier ik had.

Als ik eerlijk ben, vind ik mezelf ook gemeen als ik agressief reageer. Ik reageer zo, als ik niet op een normale manier kan bereiken wat ik wil.'

Soms is het heimelijke plezier de (onbewuste) drijfveer om een bepaalde situatie zelf te creëren.

Een cursist vertelt: 'Ik vind mijn vervorming 'slordigheid' soms erg prettig. Ten gevolge van slordigheid kom ik vaak te laat en vergeet ik sommige afspraken. Ik krijg op deze manier echter wel extra aandacht en daar geniet ik van.'

Een vervorming levert soms voordelen op voor iemand, maar hij betaalt er ook een prijs voor. Hij komt op een bepaalde manier in een isolement terecht. Het plezier dat samenhangt met de vervorming en dat hij verborgen houdt, is altijd een eenzaam plezier.

Veel mensen kunnen voor zichzelf maar moeilijk toegeven dat ze plezier beleven aan een vervorming of aan een achterliggende secundaire behoefte. Dit is een hindernis bij het onderzoeken en het ontmaskeren van de betreffende vervorming.

In dat geval vraag ik deelnemers in een cursus in tweetallen het plezier dat ze beleven aan een vervorming met elkaar te gaan onderzoeken. Vervolgens is het de bedoeling dat ieder het plezier dat hij aan de vervorming beleeft aan de groep gaat vertellen en tracht over te brengen. Dat levert meestal een hoop plezier op! Iedereen kent immers het verschijnsel van verborgen plezier bij zichzelf en het is prettig dit in een veilige omgeving eens openbaar te maken.

Ontmaskering van de vervorming

Is een vervorming maskergedrag, dan kun je bij het omgaan hiermee drie stappen onderscheiden:

1. *Situatiebeschrijving*. Beschrijf de omstandigheden waarin de vervorming naar voren komt. Wat wilde je, wat dacht je, wat voelde je en wat deed je? Kijk daarbij ook naar hetgeen er vooraf ging aan het naar voren komen van de vervorming. Geef ook aan wat het effect is van de vervorming voor jezelf en de omgeving.

2. *Analyse*. Probeer te achterhalen welke kwaliteit verborgen zit achter het masker van de vervorming. Het zinnetje: 'Ik doe liever .... (vervorming invullen), dan dat ik ...(kwaliteit invullen)', is daarbij nuttig. Je hebt dan de kwaliteit gevonden waarvoor de vervorming de vervanging was. Andere hulpvragen zijn:
- Welke secundaire behoefte is gediend door het uiten van de vervorming? [46]
- Wat was je primaire behoefte in deze situatie, wat wilde je eigenlijk? Door middel van welke kwaliteit had je die primaire behoefte kunnen uiten?
- Welke beelden of gevoelens weerhielden je ervan te doen wat je eigenlijk wilde?
- Welk heimelijk plezier beleef je aan de vervorming?

3. *Actie*. Bepaal voor jezelf wat je kunt doen om de primaire behoefte met de daarbij behorende kwaliteit naar voren te laten komen, dus hoe je het beste kunt handelen als de betreffende situatie zich weer voordoet.

Bij het omzetten van een secundaire in een primaire behoefte in een bepaalde situatie verdwijnt vaak vanzelf de vervormde kwaliteit in die situatie.

Bij karakterstructuren komt het regelmatig voor dat een vervorming samenhangt met een secundaire behoefte. De vervorming 'meewaaien' bij de opofferende karakterstructuur is meestal een uiting van de secundaire behoefte 'goedkeuring'. De primaire behoefte 'vrijheid' die eronder verborgen ligt, kan zich in zo'n geval uiten door middel van de kwaliteit 'vasthoudendheid'.

Vervorming als handicap

Het kan voorkomen dat je op allerlei manieren geprobeerd hebt iets aan een vervorming te doen, maar dat het toch niet gelukt is. Je kunt die vervorming dan zien als een handicap. Dit is ook het geval zolang je nog niet weet hoe je met een vervorming om kunt gaan.

Is een vervorming een handicap, dan betekent dat: ophouden met ertegen te vechten en ze accepteren. Bovendien is het dan van belang voorwaarden te scheppen die het makkelijker maken om ermee te leven. Je kunt op een tevreden manier roeien met de riemen die je hebt.

Een projectleider vertelt: 'Ik kan heel slecht tegen kritiek op mijn functioneren. Ik reageer dan geïrriteerd en ik verdedig me fel. Vervolgens ben ik enkele dagen humeurig.

In mijn werk is overgevoeligheid voor kritiek een grote handicap. Sommige medewerkers voelen zich niet meer vrij in het geven van commentaar. Dat heeft soms een negatieve invloed op de kwaliteit van onze projecten.

Tot op heden ben ik er niet achter gekomen hoe ik mijn overgevoeligheid kan verminderen. Wel heb ik een praktische oplossing bedacht om er minder last van te hebben. Ik organiseer nu vaker werkbesprekingen met mijn medewerkers.

Zo komt de kritiek meer gedoseerd en kan ik er beter mee omgaan.'

Opdrachten

1. Neem het lijstje van jouw 6 belangrijkste vervormingen (zie opdracht 5, hoofdstuk 2). Maak een rangorde van de mate waarin je er zelf last van hebt. Vraag vervolgens iemand die jou heel goed kent, ook zo'n lijstje voor jou te maken, dus gezien door zijn ogen. Vergelijk en bespreek deze lijstjes met elkaar.

2. Geef van de 6 belangrijkste kwaliteiten van jezelf aan hoe deze kunnen vervormen. In welke situatie of onder welke randvoorwaarden gebeurt dat?

3. Neem de drie vervormingen waar je op dit moment het meeste last van hebt. Analyseer deze vervormingen aan de hand van de stappen, beschreven in par. 7.2. of 7.3. Bekijk per vervorming welke van de twee ingangen daarop van toepassing is. Het is nuttig deze opdracht te bespreken met iemand die je kent.

4. Neem een situatie waarin je goed uit de verf komt. Welke vervormingen liggen dan op de loer?

5. Welke van de drie secundaire behoeften herken je het meest bij jezelf? In welke situatie? Welke vervormde kwaliteiten van jezelf hangen samen met deze secundaire behoefte?

6. Is er een vervorming die je nu als een handicap ervaart? Zo ja, hoe ga je ermee om?

164

8

KWALITEITEN ALS INSTRUMENT

Wanneer je iets doet waar je heel goed in bent en waar je plezier aan beleeft, werk je vanuit bezieling. Op een of meer specifieke terreinen ben je dan een aanspreekpunt en een voorbeeld voor anderen. Dat noem ik leiderschap. Paragraaf 8.2 is hieraan gewijd. In dit hoofdstuk wil ik laten zien dat kwaliteiten een instrument zijn om je te helpen datgene wat je bezielt vorm te geven.

Het laatste onderwerp van dit hoofdstuk is visie. Als je werkt vanuit inspiratie en bezieling, is dat vaak terug te vinden in de visie die je hebt op onderwerpen die je belangrijk vindt.

8.1. Bezieling

De ziel is de (niet te beschrijven) kern van de mens, een voortdurend stromende bron van waaruit de inspiratie komt en waarin de intuïtie zetelt. Bezieling komt voort uit de ziel en gaat samen met geraakt worden en in beweging komen. Zonder bezieling is het leven vlak als een landkaart[47].

Een bezield mens werkt vanuit overgave en vertrouwen, en gebruikt daarbij alle kwaliteiten die hij ter beschikking heeft. Hij houdt niets achter de hand. Dat maakt hem krachtig, maar tegelijkertijd ook kwetsbaar.

Bezielde mensen stimuleren anderen in hun omgeving het beste in te zetten wat ze hebben. Medewerkers raken sneller gemotiveerd wanneer een bezielde manager leiding geeft. Een bezielde docent is een inspiratiebron voor zijn studenten. Daarnaast houdt een bezield mens de omgeving een spiegel voor: hij is zoals anderen diep in hun hart ook zouden willen zijn. Voor sommige mensen is dat bedreigend, omdat dat hen confronteert met wat zij nalaten te doen.

Om de betekenis van de menselijke ziel verder te verduidelijken maak ik gebruik van het onderstaande model, waarbij onderscheid gemaakt wordt tussen de ziel en de persoonlijkheid[48].

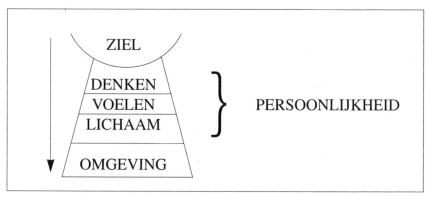

Figuur 8. Ziel en persoonlijkheid

De ziel drukt zich door middel van de persoonlijkheid uit in de omgeving. De persoonlijkheid, met al zijn kwaliteiten en vervormingen, geeft vorm aan de wensen van de ziel. Het is van belang de eigen persoonlijkheid zo goed mogelijk te kennen en te ontwikkelen, zodat deze een optimaal instrument kan zijn.

Wat is de samenhang tussen hetgeen ons bezielt en onze kwaliteiten? Het uitgangspunt is dat de wensen van de ziel en de mogelijkheden van de persoonlijkheid op elkaar zijn afgestemd. Je hebt dus de kwaliteiten om hetgeen je bezielt uit te voeren.

Daarnaast wordt iemand pas uitgedaagd om zijn kwaliteiten volledig te benutten, zodra hij weet wat hij echt wil. Kwaliteiten komen vaak pas echt tot ontplooiing, zodra mensen gaan doen wat echt bij hen past en wat hen inspireert. Dan wordt een functie op een bezielde manier uitgeoefend.

Wanneer iemand zijn kwaliteiten niet meer in zijn functie kwijt kan, zal zijn bezieling minder worden. Hij raakt vervreemd van zichzelf, omdat hij het contact verliest met wat hem bezielt. Zijn iets-zijn (functie in de maatschappij) is niet meer verbonden met zijn iemand-zijn (kwaliteiten). De effectiviteit van het functioneren daalt.

Binnen de persoonlijkheid zijn drie aspecten te onderscheiden: het denken, het voelen en het lichaam[49]. Dit is te vergelijken met een reiziger die in een koets zit met twee paarden ervoor en die door de koetsier naar zijn bestemming gebracht wordt.

De drie aspecten van de persoonlijkheid worden vertegenwoordigd door de koetsier (het denken), de paarden (het voelen) en de koets (het lichaam). De reiziger is de ziel. Hij alleen kent de bestemming en vertelt aan de koetsier waar hij naartoe wil. De koetsier is dus in dienst van de reiziger. Alleen als de koetsier naar de reiziger luistert en als de koetsier zijn koets goed heeft onderhouden en de paarden in de hand heeft, kan de bestemming bereikt worden. Daarbij dient de koetsier ook zijn eigen kwaliteiten optimaal te benutten.

Er kan echter ook het een en ander mis gaan. Bijvoorbeeld als de koetsier een beetje doof is. Of als de koetsier bang is voor de tocht die (naar zijn idee) over een gevaarlijk traject gaat. Hij negeert de opdracht van de reiziger en neemt zelf het heft in handen. Daarmee verliest hij zijn functie van dienaar[50].

Zo gaat het ook vaak met de inspiratie of impulsen die de ziel influistert in het 'oor' van de persoonlijkheid. De persoonlijkheid gaat 'sputteren' tegen de wensen van de ziel.

In 1985 verbleef ik tijdens een vakantie in Frankrijk enkele dagen in het oecumenisch centrum Taizé. Op dat moment waren daar ongeveer 3000 mensen aanwezig. Op de eerste dag viel mijn aandacht op een voor mij onbekende vrouw en ik voelde een intuïtieve behoefte met haar te gaan praten. Dat deed ik echter niet.

De volgende dag zag ik de vrouw weer. Opnieuw stapte ik niet naar haar toe. Er was een tweestrijd in mezelf. Aan de ene kant dacht ik: wat zou ze wel van mij denken als ik haar zo maar aanspreek? Aan de andere kant dacht ik: waarom zou ik het niet doen? Ik kom er snel genoeg achter of het contact leuk is of niet.

De derde dag kwam ik haar weer tegen. Ditmaal besloot ik met haar te gaan praten. Het werd een boeiend gesprek van ruim twee uur.

Een jaar later ontving ik een brief van haar, waarin zij mij bedankte voor het gesprek. Het was het begin geweest van een ommekeer in haar leven. De brief ontroerde mij. Voor haar was de ontmoeting hulp geweest, maar voor mij ook. Ik leerde ervan mijn intuïtie (de stem van de ziel) meer serieus te nemen.

Onderscheid tussen ziel en persoonlijkheid

De meeste mensen herkennen bij zichzelf wel dat er regelmatig een dialoog plaatsvindt tussen ziel en persoonlijkheid. We beseffen echter meestal niet hoe váák we met onszelf in gesprek zijn over belangrijke en minder belangrijke dingen. Kijk ik vanavond wel of niet naar de televisie? Zal ik mijn collega wel of niet vertellen wat ik echt van zijn plan vind?

In situaties waarin we met onszelf in gesprek zijn, is het soms moeilijk er achter te komen welke stem van de ziel is en welke van de persoonlijkheid. Om dit wat makkelijker op te kunnen sporen volgen een drietal kenmerken van de persoonlijkheid.

Een eerste kenmerk van de persoonlijkheid is dat deze gericht is op het voorkomen van een herhaling van vroeger opgedane pijn. Situaties waarin beeldvorming, overdracht of karakterstructuren een rol spelen, leveren daarom vaak een dialoog op tussen ziel en persoonlijkheid.

Stel bijvoorbeeld dat iemand met een vaste baan de wens voelt opkomen een eigen bedrijf te beginnen. Als gevolg van die wens gaat zijn persoonlijkheid tegensputteren. Zijn vader was ook zelfstandig ondernemer en hij verdiende weinig.

Als kind van deze vader vond hij dat heel frustrerend: hij telde niet mee, want hij kreeg nauwelijks zakgeld. Hij heeft als beeld: 'Het leven van een zelfstandige is niet makkelijk'. De negatieve ervaring uit het verleden hangt als een donkere wolk boven zijn huidige plannen en verhindert hem er voor te kiezen een eigen bedrijf te beginnen.

Een tweede kenmerk van de persoonlijkheid is, dat deze meestal gericht is op het handhaven van de huidige situatie. Als alles blijft zoals het is, is het ook makkelijker om alles onder controle te houden. Dat vinden veel mensen prettig.

Het onbekend zijn van het resultaat, het niet weten wat er gaat gebeuren, is iets wat de menselijke persoonlijkheid angst inboezemt. Deze angst zich over te geven aan het onbekende maakt het moeilijker de stem van de ziel te volgen.

Een derde kenmerk van de persoonlijkheid is, dat deze alles wil begrijpen en vandaaruit wil handelen. Mensen willen graag goede argumenten kunnen geven voor de beslissingen die ze genomen hebben, zodat deze logisch en acceptabel overkomen. Beslissen op basis van intuïtie doen velen liever niet.

De rol van intuïtie bij het nemen van beslissingen wordt echter door steeds meer mensen onderkend. In het levensverhaal van geslaagde ondernemers komt regelmatig naar voren dat ze beslissingen die de basis vormden voor hun succes, intuïtief genomen hebben.

Negativiteit

Onder negativiteit versta ik alles wat iemand zegt of doet tegen eigen beter weten in. Hij volgt in een bepaalde situatie niet de richting die de ziel aangeeft, maar die van de persoonlijkheid. Negativiteit en bezieling sluiten elkaar uit. Het zijn echter wel twee kanten van eenzelfde medaille. Alleen als iemand beide kanten kent en bij zichzelf kan onderscheiden, heeft hij een keuzemogelijkheid in wat hij doet.

Er zijn talloze manieren waarop negativiteit tot uitdrukking komt. Vaak gebeurt dat door middel van een vorm van maskergedrag. Je doet je anders voor dan dat je bent. Daardoor geef je geen uitdrukking aan hetgeen je bezielt. Bij indirecte weerstand, overdracht of karakterstructuren is dit meestal het geval.

Ook andere vormen van maskergedrag zijn voorbeelden van negativiteit. Stel bijvoorbeeld dat een medewerker naar zijn leidinggevende toe stapt met een nieuw idee. De manager vindt het idee onbruikbaar, maar wil dat niet zeggen. Dan kan hij op verschillende manieren reageren. Bijvoorbeeld door te zeggen: 'Ik moet eerst eens goed over het idee nadenken. Kom over drie weken nog maar eens terug'. Dit heet vertragen.

Een andere vorm van negativiteit is verwarring stichten. De medewerker krijgt dan als boodschap: 'Misschien zijn er nog andere mogelijkheden. Kom maar terug als je die gevonden hebt'. De kans is groot dat door zo'n reactie het enthousiasme bij de medewerker verdwijnt. Bovendien roept het gedrag van de chef ergernis of verontwaardiging bij de medewerker op, als hij er naderhand achter komt dat de chef hem aan het lijntje gehouden heeft. Dit zal het contact tussen beiden niet ten goede komen.

Indien er sprake is van negativiteit, staan kwaliteiten in dienst van de belangen van de persoonlijkheid in plaats van instrument te zijn van de ziel. De verbinding tussen de ziel en de kwaliteiten ontbreekt: ontzielde kwaliteiten.

Zoals voor alle hulpmiddelen geldt die mensen ten dienste staan, geldt ook voor kwaliteiten dat ze alleen dán een positief effect hebben als ze op het juiste moment gebruikt worden. Het is net zoals bij gereedschappen: als je een spijker wilt inslaan, dan haal je een hamer uit de gereedschapskist en niet een schroevendraaier.

Soms ziet iemand in dat hij een kwaliteit op een verkeerd moment gebruikt.

> Een man vertelt: 'Sinds enkele maanden verkoop ik diepvriesproducten bij mensen aan huis. De omzet is goed en mijn baas is zeer tevreden.
>
> De laatste weken is het mij opgevallen dat sommige mensen produkten van mij kopen die ze eigenlijk niet nodig hebben. Een ouder echtpaar dat krap bij kas zat, kocht vijf liter ijs terwijl ze zelf niet eens een diepvries hadden. Dit voorval zette mij aan het denken, vooral ook omdat ik me herinnerde dat iemand zei: 'Ik koop van jou, omdat jij zo'n sympathieke vent bent.' Ik vroeg me af: wil ik dit wel? Mijn conclusie was dat ik wil dat mensen alleen producten kopen die ze echt nodig hebben.
>
> Ik ga me voortaan anders opstellen als ik het vermoeden heb dat iemand iets wil kopen om mij een plezier te doen. In plaats van vriendelijk te blijven en te laten gebeuren dat die persoon iets overbodigs koopt, ga ik voortaan aan de bel trekken en zeggen dat ik de indruk heb dat hij het product niet nodig heeft.'

In het bovenstaande voorbeeld botst de wens van de ziel met de belangen van de persoonlijkheid, die een zo hoog mogelijke omzet wil behalen. De kwaliteit 'vriendelijkheid' wordt daarbij te veel gebruikt. Dat is in dit geval een vorm van negativiteit, omdat deze kwaliteit in dienst staat van de belangen van de persoonlijkheid.

Wordt negativiteit tot dagelijkse praktijk, dan bestaat het risico dat na verloop van tijd het contact met de ziel vermindert. De betreffende persoon heeft dan niet meer in de gaten dat hij iets doet dat hij vanuit het standpunt van de ziel bezien eigenlijk niet wil. Negativiteit is dan onbewust geworden.

Het gaan herkennen van verschillende vormen van negativiteit bij jezelf is één ding. Dat betekent nog niet automatisch dat je weet hoe het beter zou kunnen en dat je in staat bent om ook zo te handelen. Het is soms niet makkelijk te stoppen met gedrag waarvan je zelf weet dat het negativiteit is. Je vermijdt bijvoorbeeld bewust een collega, terwijl je weet dat je de confrontatie aan moet gaan. Toch laat je keer op keer de kans voorbij gaan dat te doen.

Handelen in overeenstemming met je ziel vraagt soms een (materiële) prijs, bijvoorbeeld ontslag nemen. Handelen ten koste van je ziel heeft een prijs die ook niet mis is, namelijk frustratie, schuldgevoelens of het verlies van inspiratie.

Kwaliteit van contact

Het contact tussen ziel en persoonlijkheid is niet alleen van belang voor onszelf, maar heeft ook verregaande gevolgen voor de kwaliteit van het contact met anderen. Het uitgangspunt daarbij is dat iemand in het contact met anderen het meest helder en echt overkomt, indien bij hem de drie aspecten van de persoonlijkheid in harmonie zijn met elkaar én met hetgeen hem bezielt. Dan zijn denken en voelen het met elkaar eens en handelt hij in overeenstemming met wat hij werkelijk vindt. In de volksmond noemt men een persoon bij wie dit het geval is 'iemand uit één stuk'.

Bezieling, denken, voelen en handelen zijn vier facetten van mens-zijn. Het zijn vier terreinen waarop mensen in hun leven bezig zijn. Contact met jezelf op deze vier terreinen is een essentiële voorwaarde voor contact met anderen.

Echt contact met een ander vindt immers alleen dán plaats

wanneer er een open verbinding tussen jou en de ander is op elk van deze vier terreinen. Dan zijn wederzijdse bedoelingen duidelijk en kan er vrij uitgewisseld worden over gedachten, gevoelens en handelingen.

In het dagelijks leven zijn talloze voorbeelden te vinden van situaties waarbij het willen, denken, voelen en handelen van mensen niet op één lijn ligt. Bij alle vormen van maskergedrag is dat bijvoorbeeld het geval. Iemand straalt heel duidelijk uit dat hij ergens mee zit, maar vertelt dat niet.

Het gevolg van het niet op één lijn liggen van de ziel en de aspecten van de persoonlijkheid is altijd dat er storingen ontstaan in de communicatie en in de verhoudingen tussen mensen. Mensen benoemen dit vaak als: 'Ik voel niet echt contact met mijn collega', 'Ik vind mijn baas onbetrouwbaar: hij meent volgens mij vaak niet wat hij zegt en ook houdt hij zich niet aan afspraken'.

Soms zijn mensen zich er niet van bewust dat anderen weinig contact met hen ervaren. Wat ze niet kennen, missen ze niet. Als ze daarop geattendeerd worden, is het niet altijd eenvoudig het contact te verbeteren. Voor een persoon met een afstandelijke karakterstructuur bijvoorbeeld is het een hele opgave iets te zeggen vanuit het contact met het bijbehorende gevoel en vandaaruit zijn gevoel ook nog eens te laten doorklinken in zijn woorden.

8.2. Kwaliteiten en leiderschap

Bij de term 'leiderschap' denken we vaak aan managers of aan politiek leiders. Ik zie iemand als een leider wanneer hij in één of meerdere opzichten een aanspreekpunt of voorbeeld is voor zijn omgeving. Hij doet dit simpelweg door de unieke persoon te zijn die hij is [51].

In deze omschrijving van leiderschap is de persoon het startpunt. Daarom noem ik dit soort leiderschap 'persoonlijk leider-

173

schap'. Binnen deze optiek heeft leiderschap dus niets te maken met 'de baas' zijn.

Iedereen heeft de mogelijkheden in zich een leider te zijn. Dat gebeurt alleen wanneer hij zijn kwaliteiten voluit vorm geeft, en dus alle kansen benut om ze tot uitdrukking te brengen. Als hij dit doet, ontdekt hij na verloop van tijd vaak vanzelf waarin hij een leider is.

Als in een bepaalde situatie een beroep wordt gedaan op het persoonlijk leiderschap van iemand, dan is diegene optimaal gemotiveerd en dan heeft hij plezier in wat hij doet. Hij krijgt immers de kans te laten zien waarin hij uniek is.

Een vraag die nu bij je opkomt, is wellicht: waarin ben ik een leider en hoe ga ik om met dit persoonlijk leiderschap? Veel mensen vinden dit een moeilijke vraag of raken er door in verwarring. Enkele vragen die kunnen helpen om je eigen leiderschap in beeld te brengen, zijn:

- Waar kan men bij mij altijd op rekenen?
- In wat voor opzicht doet de omgeving een beroep op mij?
- Waarin ben ik een voorbeeld (en inspiratiebron) voor mijn omgeving?
- In welke activiteiten ligt mijn hart en voel ik mij volkomen in mijn element?
- Om welke twee kwaliteiten van mezelf kan ik niet heen, omdat ze zo kenmerkend zijn voor mij?
- Waartoe voel ik mij geroepen op dit moment in mijn leven?' Bij het woord 'roeping' denken sommigen wellicht aan religieuzen of aan verpleegkundigen in ontwikkelingslanden. Ik ga ervan uit dat iedereen een roeping heeft.

Slechts weinig mensen staan stil bij de bovenstaande vragen. Er wèl over nadenken kan heel nuttig zijn.

Een cursist vertelt: 'Tijdens een cursus werd mij de vraag gesteld wat ik het allerleukste onderdeel van mijn werk vond. Voor mij is dat: projecten opstarten. Daarin ligt mijn kracht. Collega's bewonderen mij daarom. Als een project eenmaal op de rails staat, vind ik het al snel saai worden. Ik maak het wel af, omdat het bij mijn functie hoort. Ondertussen ben ik weer bezig om allerlei nieuwe dingen van de grond te krijgen. Daardoor kom ik regelmatig in tijdnood. Het bovenstaande wist ik eigenlijk wel, maar ik had er nooit zo bij stil gestaan. Ik besefte ook, dat nu dit voor mij helder was, het voor mij ook makkelijker was geworden keuzes te maken. Binnenkort ga ik met mijn baas praten over het aanpassen van mijn functie-omschrijving. Ik wil het zo gaan regelen dat ik in de toekomst projecten die eenmaal lopen aan anderen kan overdragen.'

Persoonlijk leiderschap, bezieling en inspiratie hebben veel met elkaar te maken. Als ik hetgeen mij bezielt door middel van kwaliteiten tot uitdrukking breng, ben ik een leider. Bovendien is dat voor mezelf inspirerend en kan ik door mijn gedrag anderen ook inspireren. Andersom geldt ook, dat, waar ik anderen inspireer, ik meestal handel vanuit mijn eigen leiderschap.

Als ik weet wat mij inspireert, kan dat een opstap zijn naar het antwoord op de vraag 'Waarin ben ik een leider?'. Als ik mijn inspiratie volg, kan dat meer duidelijkheid geven over mijn uniek-zijn.

Mensen kunnen in allerlei valkuilen terecht komen bij het nadenken over hun eigen leiderschap. Enkele van deze valkuilen wil ik noemen.

Een eerste valkuil is de overtuiging dat men niets te bieden heeft aan de omgeving. Zo'n misvatting kan ontstaan als iemand zichzelf gaat vergelijken met anderen die hij 'beter' vindt dan zichzelf. Zo raakt hij heel gemakkelijk het contact met het eigen leiderschap kwijt.

Een tweede valkuil is dat mensen dingen op dezelfde manier willen doen als anderen, die in hun ogen in dat bepaalde opzicht heel goed zijn. Zo verliezen ze vaak het zicht op de werkwijze die het beste bij hún past en die ze in wezen het meest eigen is.

Een derde probleem bij persoonlijk leiderschap is de 'afbakening' ervan. Sommige mensen denken ten onrechte dat als ze op het ene gebied een leider zijn, ze dat op een ander gebied ook zijn.

Persoonlijk leiderschap in relaties

Veel mensen zijn - bewust of onbewust - bezig met hun persoonlijk leiderschap, zowel in de werksituatie als het privéleven. Als we naar leiderschap kijken binnen een partnerrelatie, dan is een interessante vraag: wie zorgt waarin voor sturing binnen de relatie? Dat is een andere vraag dan de vraag : 'Wie is over het geheel genomen de baas in de relatie?'.

Als je een partner hebt, kun je eens nagaan op welke punten ieder van jullie een leider is, wie waarin het voortouw neemt omdat hij of zij daar goed in is.

Als de één ergens goed in is en de ander niet, behoort die ander daarin te volgen. 'Volgen' kun je omschrijven als: je laten leiden, terwijl je jezelf blijft. Bovendien hangen leiden en geleid worden meestal met elkaar samen: je kunt een ander niet goed leiden als je zelf moeite hebt met je te laten leiden en andersom.

Soms heeft de één een kwaliteit net iets beter ontwikkeld dan de ander. De kunst is dan ervoor te zorgen dat beiden elkaar voldoende ruimte geven om deze specifieke kwaliteit aan bod te laten komen.

Problemen met leiderschap in een relatie kunnen op verschillende manieren ontstaan. Een eerste probleem is ongelijkwaardigheid in de relatie. De oorzaak van dit probleem is vaak dat één van beide partners het leiderschap onvoldoende vorm geeft, doordat hij zich terughoudt.

Een tweede probleem is het niet accepteren van elkaars leiderschap. Dat is het geval als één van de partners moeite heeft zich te laten leiden.

Een derde probleem is de strijd die soms ontstaat als beiden willen leiden. Dat gebeurt zowel op terreinen waarop geen van tweeën een echte leider is, als op gebieden waarop ze dat net wel zijn. Ben je allebei ergens goed in, dan leidt dat in veel gevallen gelukkig ook tot oprechte samenwerking.

Een vierde situatie waarin problemen ontstaan, doet zich voor wanneer beide partners weigeren het voortouw te nemen en willen volgen. Ze ergeren zich aan elkaar omdat geen van beiden iets doet.

De bovenstaande opmerkingen over persoonlijk leiderschap in partnerrelaties gelden ook voor situaties waarin mensen in tweetallen met elkaar samenwerken.

Ontwikkeling van persoonlijk leiderschap

Persoonlijk leiderschap kan op twee manieren ontwikkeld worden. De eerste en meest voor de hand liggende manier is vanuit jouw meest belangrijke kwaliteiten. Deze kwaliteiten vormen een basis voor jouw leiderschap. Wel is het dikwijls zo dat persoonlijk leiderschap pas ontwikkeld wordt nadat je intensief met de betreffende kwaliteiten bezig geweest bent.

Een tweede manier om leiderschap te ontwikkelen is naar aanleiding van problemen die we krijgen doordat we iets niet kunnen. Als we dan na veel vallen en opstaan een manier gevonden hebt om met het betreffende probleem om te gaan, zijn we op dat punt vaak een leider geworden[52]. Een gebrek wordt dan een basis voor leiderschap.

Een vrouw vertelt: 'Een aantal jaren heb ik als wijkverpleegkundige gewerkt. 'Neen' zeggen kende ik daarbij

177

niet. 'Ik doe het wel' was steevast mijn antwoord als anderen mij iets vroegen.

Op een gegeven moment ontdekte ik dat ik gigantisch over mijn grenzen gegaan was. Te zelfder tijd brak ik een been en daardoor kon ik een tijd niet werken. Vervolgens kwam ik in een crisis terecht, omdat ik niet meer wist wat ik echt wilde. Het heeft mij een hele tijd gekost goed te leren onderscheiden wat ik wel of niet leuk vond. Daarbij ontwikkelde ik de kwaliteit 'onderscheidingsvermogen'.

Later, toen ik gestopt was met werken als wijkverpleegkundige, ben ik mensen gaan begeleiden in hun persoonlijk functioneren. Een van mijn specialiteiten is nu om mensen te helpen met het onderscheiden van wat wel en wat niet bij hun past. Van een oorspronkelijke zwakte had ik een kracht gemaakt.'

In onze samenleving komt het bovenstaande regelmatig voor. Ex-alcoholisten die actief worden binnen de Anonieme Alcoholisten of ex-drugsverslaafden die in de drugshulpverlening gaan werken en daarin vaak heel succesvol zijn. Ze kennen de problemen van de mensen waarmee ze werken immers vanuit hun eigen ervaring.

Persoonlijk leiderschap ontwikkelt zich soms door de tijd. Het is interessant af en toe eens stil te staan bij de vraag: Hoe zou ik op dit moment mijn persoonlijk leiderschap omschrijven?

Veel mensen kennen in hun leven een of meerdere periodes van twijfel over hun eigen leiderschap. Wellicht ken jij die twijfel ook. Je vraagt je dan af: wat heb ik te bieden, waarin ben ik uniek? Vaak gebeurt dat wanneer je eigen leiderschap een (iets) andere inhoud krijgt, doordat latente kwaliteiten zich ontwikkelen en een belangrijke rol gaan spelen in jouw leven.

8.3. Visie

Persoonlijk leiderschap heeft veel gevolgen voor de wijze waarop wij ons werk en leven (levenswerk) invullen en het kleurt ook de manier waarop wij de dingen zien.

Veel mensen worden bij tijd en wijle geconfronteerd met vragen als: waar sta je voor? wat vind je nu eigenlijk echt van een onderwerp? Deze vragen zijn begrijpelijk, want het schept veel duidelijkheid als je weet wat iemand uit de grond van zijn hart van een bepaald vraagstuk vindt, met andere woorden wat zijn persoonlijke visie is.

Een visie geeft aan hoe je tegen dingen aankijkt, het is een beeld van een mogelijke of gewenste situatie. Als ouder heb je een visie op opvoeding van kinderen en als verkoper over de manier waarop je met klanten omgaat.

Onder het hebben van een visie op een bepaald onderwerp versta ik een persoonlijk uitgangspunt, waar je met hart en ziel achter staat, en dat de leidraad vormt van jouw denken en handelen. Een visie is geworteld in de kern van wie jij bent[53].

Een persoonlijke visie is ook een kwetsbaar gebied. Als ik echt over mijn visie vertel, houd ik niets meer achter. Ik profileer mij en spreek mij duidelijk uit. Dat kan ook weerstand oproepen in de omgeving. Voor sommige mensen is dat een reden om zich op de vlakte te houden of om hun visie te verbergen achter een woordenbrij.

Een vraag die deelnemers in cursussen regelmatig stellen, is: 'Is iemand met een heldere visie star?'. Dat hoeft niet, omdat vanuit één visie vaak meer praktische invullingen mogelijk zijn. Bovendien is het in sommige situaties nodig een compromis te sluiten met anderen. Het is dan erg nuttig dat ieders uitgangspunt bekend is.

Mensen zonder een heldere visie ervaar ik veel vaker als star: ze pinnen zich vast op een bepaald standpunt, zonder daarbij aan te geven wat hun uitgangspunt is.

Visie en effectiviteit

Waarom is het zo belangrijk om te werken vanuit een persoonlijke visie? Een visie fungeert als het ware als een kompas, een ijkpunt waaraan we dingen kunnen toetsen. Handelen we vanuit onze visie, dan zijn we geen speelbal van de omgeving. We gaan uit van onszelf in plaats van de verwachtingen van anderen als startpunt te nemen, en we nemen zelf de verantwoordelijkheid voor ons gedrag.

Als we in een omgeving zitten waarin veel veranderingen plaatsvinden, is het van groot belang dat we ons eigen kompas goed leren gebruiken.

Denken en handelen we vanuit onze eigen visie, dan zijn we het meest geloofwaardig en effectief. Hetgeen we zeggen en doen komt dan immers voort uit wat ons ten diepste beweegt, en daardoor heeft het een effect op anderen. Mensen die het met ons eens zijn, kunnen geïnspireerd raken door wat we te vertellen hebben. Bij anderen die een andere visie hebben, dwingen we vaak respect af, omdat ze geraakt worden door de bezieling die in onze woorden doorklinkt.

Soms is degene die zijn visie weergeeft zich niet bewust van het effect van het presenteren van een visie waar hij helemaal achter staat.

Tijdens een cursus aan kaderleden van een belangenbehartigingsorganisatie voor agrarische ondernemers presenteerde een deelneemster haar visie op hetgeen vrouwen te bieden hebben in een mannenorganisatie. De aanwezige mannen vertelden na afloop dat zij geraakt waren door de visie van deze vrouw. Haar presentatie had hen meer duidelijk gemaakt dan de vele eerdere discussies over dit onderwerp.

De betreffende deelneemster kon bijna niet geloven dat haar presentatie zoveel effect gehad had.

Kwaliteit van visie

Veel mensen vinden het een hele klus een heldere visie te formuleren. Voordat je hiermee begint, moet voldaan zijn aan tenminste twee basisvoorwaarden. Een eerste voorwaarde is dat je vrij kunt denken over het onderwerp van je visie. Dat betekent dat je geen voorwaarden, mitsen of maren vooraf stelt.

Een andere voorwaarde waar aan voldaan moet zijn om een visie te formuleren, is dat je een beeld moet hebben van hetgeen jou inspireert en bezielt. Voor iemand die deels vervreemd is van zichzelf, is het heel moeilijk om een bezielde visie te ontwikkelen. Het risico bestaat dan dat hetgeen door zo iemand 'visie' genoemd wordt, eigenlijk geen visie is. Bij de presentatie van zo'n 'visie' valt de betreffende persoon meestal snel door de mand. Anderen worden er immers niet koud of warm van.

Is aan de bovenstaande voorwaarden voldaan, dan kun je beginnen met het formuleren van jouw visie. Een belangrijk hulpmiddel om dichter bij de essentie van je visie te komen is de waarom-vraag. Als je een eerste formulering van je visie hebt, kijk dan of je door de vraag 'waarom vind ik dit?' verder kunt komen. Je hebt de kern van je visie te pakken op het moment dat je de waarom-vraag niet meer kunt stellen binnen het thema waarover je je visie formuleert.

Nadat je je visie kernachtig (het liefst in één zin!) geformuleerd hebt, kun je je bezig gaan houden met de uitwerking ervan. Dan pas heb je er iets aan. Een visie moet aan een aantal specifieke criteria voldoen, wil zij ook werkelijk zoden aan de dijk zetten. Een uitgewerkte visie is onder andere effectief wanneer deze[54]:

• Positief is geformuleerd. Er staat in wat je wel wilt, niet wat je niet wilt.
• De betrokkene zelf als uitgangspunt neemt. Een visie geeft richting van jòu uit en het gaat over wat jìj gaat doen.

- Maakt dat je enthousiast wordt als je eraan denkt of erover vertelt. Je moet er gevoelsmatig helemaal achter staan.
- Concreet is geformuleerd. Er moet in staan wat je gaat doen, met wie, wanneer, hoe, etc.
- Haalbaar is. Wanneer een uitgewerkte visie onhaalbaar is, verlies je het enthousiasme deze ten uitvoer te brengen.
- Consistent is. De kern van jouw visie moet steeds blijven doorklinken in de concrete uitwerking ervan.

De bovenstaande voorwaarden gelden niet alleen voor een visie die betrekking heeft op werksituaties, maar ook voor een visie op onderwerpen die in de privésfeer liggen.

Nadat je een uitgewerkte visie gemaakt hebt, is het ook nuttig na te denken over mogelijke hindernissen die je kunt tegenkomen: waar ben je bang voor of wat maakt je onzeker? waar heb je hulp bij nodig en van wie? Wat doe je als anderen negatief reageren?

Twee hindernissen die ik regelmatig tegenkom als mensen met het onderwerp 'visie' aan de slag gaan wil ik noemen. Een eerste hindernis is het eigen ongeloof van mensen, zodra ze een helder beeld hebben gekregen van hun visie. Hun persoonlijkheid gaat dan tegensputteren. Er ontstaan beelden, die zeggen dat wat zij willen, toch niet kan. Dan gaat het om de vraag: wil je echt geloven in je eigen visie? Immers als je er niet in gelooft, wordt jouw visie nooit werkelijkheid.

Andersom is geloof ook een voorwaarde om in contact te komen met je visie. Je zal het geloof moeten hebben dat jij in staat bent een bij jou passende visie te ontwikkelen.

Een tweede hindernis is de weerstand uit de omgeving. Wil je op basis van jouw visie dat sommige dingen anders gaan dan tot nu toe, dan zul je niet alleen blije gezichten tegenkomen. Zeker niet als jouw visie sterk afwijkt van de visie van de organisatie waar je voor werkt. De kunst daarbij is om enerzijds de kern van je visie duidelijk voor ogen te houden, en anderzijds open te staan

182

voor nieuwe ideeën wat betreft de uitvoering ervan. Soms echter zijn de visieverschillen onoverbrugbaar en is een andere werkgever zoeken de enige oplossing.

Visie en kwaliteiten

Vaak bestaat er een samenhang tussen iemands kwaliteiten en de visie die hij heeft op een onderwerp dat hij belangrijk vindt. Enkele mogelijkheden van samenhang wil ik nu bespreken.

Een eerste mogelijke samenhang bestaat in de keuze van een onderwerp waarop een visie betrekking heeft. Als iemand het onderwerp voor een visie vrij kan kiezen, neemt hij een thema dat hem inspireert. Dat zegt meestal iets over zijn kwaliteiten. Heeft hij hoog in het vaandel staan dat mensen op een respectvolle manier met elkaar omgaan, dan is 'inlevingsvermogen' vermoedelijk een belangrijke kwaliteit van hem.

Een tweede mogelijkheid is samenhang tussen de inhoud van een visie en essentiële kwaliteiten van de betreffende persoon. Kwaliteiten ondersteunen in dat geval de inhoud van de visie. Je kunt je immers pas echt inzetten voor zaken die in een richting gaan die overeenkomt met jouw kwaliteiten.

Tijdens een training gaf een van de aanwezige leidinggevenden aan dat een van haar meest essentiële kwaliteiten 'openheid' was. Daarin was zij echt een leider, ook in haar privéleven.

In het verdere verloop van de training kwam dit ook terug bij het formuleren van haar visie op leidinggeven. 'Openheid' was daarin een sleutelwoord. Concreet betekende dit dat zij niet alleen over haar mening ten aanzien van zaken open was naar haar medewerkers toe, maar ook over hoe zij dingen beleefde en wat zij moeilijk vond. Haar openheid inspireerde de medewerkers dat ook te doen.

Andere leidinggevenden van hetzelfde bedrijf vertelden dat de sfeer op deze afdeling beter was en dat de medewerkers minder roddelden over elkaar dan op andere afdelingen.

Een derde vorm van samenhang tussen kwaliteiten en visie ligt in de wijze waarop de visie concreet uitgevoerd wordt. Het praktisch vormgeven van jouw visie doe je meestal op je eigen manier, dat wil zeggen gebruik makend van jouw kwaliteiten.

Een vrouw vertelt: 'Ik ben hoofd van de afdeling productontwikkeling van een bedrijf in de levensmiddelenindustrie. In mijn vak als productontwikkelaar vind ik creativiteit erg belangrijk. Ik beschouw het als de basis van mijn werk. Onder 'creativiteit' versta ik het jezelf verrassen met nieuwe ideeën.

Mijn belangrijkste kwaliteiten zijn: het nemen van initiatieven, enthousiasme en ordelijkheid. Vanuit deze kwaliteiten geef ik vorm aan mijn visie, dat creativiteit essentieel is voor een productontwikkelaar. Ik zal aangeven hoe ik dat doe.

Initiatief toon ik door op allerlei manieren medewerkers te stimuleren creatief te zijn. Niet alleen in hun werk, maar ook in hun privéleven. Regelmatig organiseer ik brainstormsessies met de gehele afdeling. Het liefst doe ik dat in een andere omgeving, bijvoorbeeld door een beurs te bezoeken of bij een ander bedrijf te gaan kijken. Dat levert vaak heel leuke en bruikbare ideeën op.

De kwaliteit 'enthousiasme' komt in mijn werk vooral naar voren in mijn reactie op ideeën van de medewerkers. Ik raak snel enthousiast over iets nieuws. Ik zal niet gauw een idee afkraken, ook al lijkt het in eerste instantie onzinnig. Je weet nooit wat eruit voort kan komen!

Ordelijk ben ik ook. Geen enkel idee gaat verloren. Daarnaast ben ik heel goed in staat orde aan te brengen in een wirwar van ideeën.'

De inhoud van jouw persoonlijk leiderschap heeft vrijwel altijd gevolgen voor de visie op voor jou belangrijke onderwerpen. De mate waarin jij essentiële kwaliteiten vorm durft en weet te geven, zijn vaak bepalend voor de kwaliteit en effectiviteit van de visie die je ontwikkelt.

Bij mensen met gebrek aan visie is vaak sprake van het niet optimaal benutten van de eigen kwaliteiten, bijvoorbeeld doordat de persoon in kwestie regelmatig maskergedrag vertoont.

Visie in organisaties

Het hebben van een heldere visie is niet alleen van belang voor individuen, maar ook voor organisaties. Een visie geeft richting aan de activiteiten van de organisatie en een gevoel van 'samen op weg zijn naar een duidelijk doel'.

Op basis van een heldere visie is het voor medewerkers van een organisatie makkelijker hun functie een zinvolle invulling te geven. Of te beslissen een andere werkplek te kiezen wanneer ze zich echt niet in de visie van de organisatie kunnen vinden.

Een belangrijk terrein waarop een organisatie een visie dient te hebben, is op het 'product' dat ze levert. Voor een school bijvoorbeeld is een visie op onderwijs en vorming essentieel. Gaat het om een instelling voor bejaarden, dan is een visie op ouderenzorg van belang.

Naast een visie op het product zijn er - afhankelijk van de organisatie - nog allerlei andere terreinen waarop een visie ontwikkeld moet worden, bijvoorbeeld leiding geven en samenwerken.

Wanneer een organisatie een heldere en openbare visie heeft, levert dat ook als voordeel op dat de communicatie makkelijker verloopt. Vergaderingen verlopen efficiënter.

185

Een van de signalen binnen een organisatie die vaak wijzen op een gebrek aan visie, is wanneer regels en procedures niet blijken te werken, bijvoorbeeld omdat medewerkers twijfels hebben over het nut ervan. De oorzaak hiervan is dikwijls dat een visie waaraan regels en procedures getoetst kunnen worden, ontbreekt. Door eerst een visie te ontwikkelen en vervolgens een samenhangend geheel van procedures daarop af te stemmen, worden deze procedures veel eerder als logisch en zinvol ervaren door de medewerkers.

In het algemeen zou je kunnen stellen dat zonder visie, veel dagelijkse problemen in een organisatie een confrontratie zijn met het feit dat er geen gemeenschappelijkheid ervaren wordt [55]. Het komt ook regelmatig voor dat mensen pas een visie gaan formuleren op het moment dat ze een probleem tegen komen.

In communicatietrainingen voor bedrijven kom ik regelmatig problemen tegen die te maken hebben met het gebrek aan visie binnen de betreffende organisatie. Bij de terugkoppeling van bevindingen uit de trainingen naar het management komt dit dan aan de orde. Als het management het gebrek aan visie onderkent, dan vraag ik naar de oorzaak daarvan. Reacties zijn dan vaak: 'daar hebben we geen tijd voor gemaakt' of 'dat is wel moeilijk'.

Bij verder doorvragen blijkt dat men het ook spannend vindt een heldere visie te ontwikkelen en deze uit te dragen. Kiest het management ervoor om dit wél te doen en dus zijn nek uit te steken, dan zijn de positieve effecten hiervan spoedig merkbaar in de organisatie. Het personeel haalt opgelucht adem: eindelijk is er duidelijkheid. De creativiteit en het enthousiasme bij de medewerkers keren terug.

Opdrachten

1. Waar denk jij het eerst aan bij het woord 'inspiratie'? Wat is voor jou een inspirerende gedachte (die je zelf bedacht hebt) of

186

uitspraak (die je van een ander gehoord hebt of gelezen hebt)?
Waarom? Wat zegt dit over jezelf?

2. Ken je situaties waarin bij jou de wens van de ziel botst met de belangen van de persoonlijkheid? Welke van de op blz. 168/169 genoemde kenmerken van de persoonlijkheid herken je bij jezelf in deze situaties?

3. Ga eens na met welke mensen je echt contact hebt. Wat is daar voor jou zo kenmerkend aan?

4. Neem de karakterstructuur die je het meest herkent bij jezelf. Kies een situatie waarin je reageert vanuit die karakterstructuur. Ga voor deze situatie na in hoeverre willen, denken, voelen en handelen niet op één lijn liggen.

5. Geef voor jezelf een zo exact mogelijk antwoord op de vraag: waarin ben ik een leider? Je kunt daarbij gebruik maken van de vragen die staan op blz. 174. Vertel vervolgens aan iemand die jij goed kent, waarin jij een leider bent. Gaat dit je makkelijk af of voel je schaamte?

6. (als je een partner hebt) Ga na op welke punten jij vindt dat jij duidelijk voor sturing zorgt binnen de relatie. Schrijf ook op, op welke punten jij vindt dat de ander dat doet. Bespreek de resultaten. Neem je de verantwoordelijkheid op je voor jouw leiderschap? Volg je op punten waarin de ander leider is? Zijn er terreinen waarop geen van beiden een echte leider is? Zo ja, hoe gaan jullie daarmee om?

7. Formuleer jouw persoonlijke visie op een onderdeel van je werk (of je leven in het algemeen) waar jij je sterk bij betrokken voelt, waar je warm voor loopt. Geef ook aan welke kwaliteiten van je-

zelf verband houden met deze visie, bijvoorbeeld bij het in praktijk brengen ervan.

Ga ook na of er bij jou sprake is van ongeloof, bijvoorbeeld in de
vorm van beelden die jouw visie ondermijnen.

8. Welke visie heeft de leiding van de organisatie waar jij voor
werkt op:

a. Het product dat deze organisatie levert.

b. Het omgaan met verantwoordelijkheid.

c. Samenwerken.

Komt deze visie overeen met jouw visie? Zo neen, hoe ga je om
met het verschil in visie?

Bijlage I Lijst met kwaliteiten en vervormingen

Kwaliteiten

1. Ambitieus
2. Avontuurlijk
3. Bedachtzaam
4. Behulpzaam
5. Belangstellend
6. Bemiddelaar
7. Bescheiden
8. Betrouwbaar
9. Consequent
10. Creatief
11. Direct
12. Doelgericht
13. Doorzetter
14. Duidelijk
15. Eerlijk
16. Enthousiast
17. Evenwichtig
18. Flexibel
19. Geduldig
20. Gedisciplineerd
21. Gemoedelijk
22. Genieter
23. Gevoelig
24. Gul
25. Handig
26. Humoristisch
27. Idealistisch

28. Initiatiefrijk
29. Inlevingsvermogen
30. Inspirerend
31. Intelligent
32. IJverig
33. Kan goed analyseren
34. Kan goed luisteren
35. Kan relativeren
36. Krachtig
37. Levendig
38. Makkelijke prater
39. Mild
40. Moedig
41. Nieuwsgierig
42. Nuchter
43. Ordelijk
44. Organisator
45. Openhartig
46. Oplettend
47. Optimistisch
48. Praktisch
49. Respectvol
50. Rustig
51. Serieus
52. Speels
53. Spontaan
54. Tactvol

55. Tevreden	63. Vrolijk
56. Toegewijd	64. Weet te overtuigen
57. Vastberaden	65. Weet te onderscheiden
58. Veelzijdig	66. Zelfstandig
59. Verantwoordelijk	67. Zelfverzekerd
60. Verdraagzaam	68. Ziet samenhang
61. Voor jezelf opkomen	69. Zorgzaam
62. Vriendelijk	70. Zorgvuldig

Vervormingen

1. Aarzelend	23. Kan geen 'neen' zeggen
2. Afstandelijk	24. Kan slecht luisteren
3. Agressief	25. Klagerig
4. Arrogant	26. Koppig
5. Bazig	27. Kortzichtig
6. Bemoeizuchtig	28. Krenterig
7. Bevooroordeeld	29. Lichtgeraakt
8. Bot	30. Ligt dwars
9. Brutaal	31. Loslippig
10. Cynisch	32. Lui
11. Doet minachtend	33. Naïef
12. Doet negatief	34. Onderdanig
13. Drammerig	35. Onhandig
14. Egoïstisch	36. Ongedisciplineerd
15. Fanatiek	37. Ongeduldig
16. Gemeen	38. Onoprecht
17. Geremd	39. Onredelijk
18. Gesloten	40. Onrustig
19. Haatdragend	41. Ontevreden
20. Hebberig	42. Onverdraagzaam
21. Humeurig	43. Onverschillig
22. Jaloers	44. Onzelfstandig

45. Onvoorzichtig
46. Onzeker
47. Opdringerig
48. Oppervlakkig
49. Opschepperig
50. Overgevoelig
51. Overmoedig
52. Overbezorgd
53. Passief
54. Pessimistisch
55. Pietluttig
56. Saai
57. Slordig

58. Star
59. Streng
60. Te kritisch
61. Traag
62. Vaag
63. Verkwistend
64. Verlegen
65. Verward
66. Waait met alle winden mee
67. Wantrouwig
68. Weet te misleiden
69. Wispelturig
70. Zweverig

Uit: Gerrickens, Peter, *Kwaliteitenspel,* 3e druk, 1997

Bijlage II Overzicht karakterstructuren[56]

	AFWEZIGE STRUCTUUR	ONVERZADIGBAR STRUCTUUR
IN DE KNEL GERAAKTE PRIMAIRE BEHOEFTE	gewenst te zijn zoals je bent	voedsel ontvangen (fysiek en emotioneel
BEELD	ik mag er niet zijn, ik word niet serieus genomen	er is niet genoeg voor mij, ik krijg toch niet wat ik wil hebben
ALGEMENE KENMERKEN	angst voor afwijzing, concentratieproblemen, zichzelf op de achtergrond houden, chaotisch handelen en reageren	angst voor tekort, ontevredenheid en jalouzie, geen maat wel te houden, gebrek aar discipline, niet zonde een ander kunnen
MOET LEREN	zichzelf serieus te nemen, eigen grenzen te versterken, orde op zaken te stellen, de realiteit onder ogen te zien	eigen behoeften zelf t verwezenlijken, op ei gen benen te staan, tevreden te zijn met wat er is, volhouden als het moeilijk word
AANDACHTSPUNTEN VOOR GESPREKSPARTNER	serieus nemen, helpen met ordenen en praktisch uitwerken van ideeën, actief bij gesprek betrekken	grenzen stellen, duidelijke afspraken maken, helpen bij het verhelderen van beho ten

POFFERENDE TRUCTUUR	AFSTANDELIJKE STRUCTUUR	WANTROUWIGE STRUCTUUR
ijheid, expressie ven	liefde geven en ontvangen	hulp en steun ontvangen
moet me inhouden, ijheid betekent ntactverlies	als ik me open, word ik gekwetst	als ik mijn zwakheid laat zien, word ik onderuit gehaald
oeite met 'neen' ggen en het geven n kritiek, niet rven kiezen, ig smile'	gevoelens vaak niet uiten, perfect willen zijn, moeite met onverwachte situaties, álles willen plannen	omgeving continu in de gaten houden, zich groot houden, anderen manipuleren, alles zelf willen doen
sertief te zijn, gen keuzevrijheid te nutten, plezierige onplezierige kann van zichzelf naar iten te brengen	contact te maken met gevoelens en deze te uiten, flexibel om te gaan met onverwachte situaties, een gewoon mens te zijn	vertrouwen, hulp vragen, delegeren, eigen zwakheden te laten zien
euze)vrijheid benaukken én zorgen dat ander kiest, dooragen om mening ven tafel te krijgen	gevoelskant belichten, zelf open zijn, benadrukken dat fouten maken menselijk is	voorkomen dat wantrouwen ontstaat, vertrouwen proberen te winnen, oppassen voor manipulatie (o.a. valse beloftes)

Register

De cijfers verwijzen naar de pagina waar een omschrijving van het betreffende woord te vinden is.

Literatuur en Noten

1. Korteweg, Hans en Voigt, Jaap, *Helen of Delen,* Contact, 1985, blz. 82.
2. Voigt, Jaap, *Leiderschap,* lezing Agrarische Hogeschool 's-Hertogenbosch, 2 februari 1988, blz. 7.
3. In sommige gevallen is het onderscheid tussen kwaliteiten en vaardigheden moeilijk aan te geven.
4. Gerrickens, Peter, *Kwaliteitenspel,* 1991. Voor meer informatie, zie blz. 201
5. Rogers, Carl, *Over mens zijn*, De Toorts, 1982, blz. 15 e.v.
6. Korteweg, Hans en Voigt, Jaap, *Helen of Delen,* Contact, 1985, blz. 81 e.v. De categorie half-latent heb ik zelf bedacht.
7. van der Loo, Jorie, *Dynamiek in werkrelaties,* De Toorts, 1995, blz. 29. De vier natuurelementen houden ook verband met de door Carl Gustav Jung beschreven basisfuncties van het menselijk bewustzijn: het denken (lucht), het voelen (water), het waarnemen (aarde) en de intuïtie (vuur).
8. de Kleer, P.J., *Weerstand tegen verandering,* Leidinggeven & Organiseren, juli/augustus 1987, blz. 97.
9. De wijze waarop weerstand wordt geuit, verschilt per cultuur vaak sterk.
10. Korteweg, Hans, *Weerstand,* Supervisieblok Instituut voor Toegepaste Voorlichtingskunde, Wageningen, 12 december 1985.
11. Ik gebruik het woord 'trots' hier in de negatieve betekenis van 'het jezelf boven de ander stellen'. In het spraakgebruik heeft 'trots' vaak ook de positieve betekenis van 'tevreden zijn over jezelf'.
12. Uitgangspunt bij het vaststellen vanuit welke vorm van weerstand iemand reageert, is steeds het waarneembare gedrag.

13. De suggesties die ik geef over de wijze waarop je het beste kunt omgaan met de verschillende vormen van indirecte weerstand, is grotendeels gebaseerd op mijn ervaringen met dit onderwerp tijdens het werken in groepen.

14. Zweig, Conny en Abrams, Jeremiah (red), *Ontmoeting met je schaduw,* Servire, 1993, blz. 14.

15. De omschrijving van het begrip 'schaduw' zoals ik dat gebruik, is een samenvoeging van de omschrijvingen van: Wilber, Ken, *Zonder grenzen,* Karnak, 1983, blz. 14 en: Zweig, Conny en Abrams, Jeremiah (red), *Ontmoeting met je schaduw,* Servire, 1993, blz. 30.

16. Soms gebruiken mensen de wat negatief getinte uitdrukking 'een groot ego hebben'. Daarmee bedoelen ze meestal dat het ego opgeblazen is, en dat iemand veel maskergedrag vertoont.

17. Korteweg-Frankhuisen, Hanneke, *Geest en Drift,* Servire, 1993, blz. 114.

18. Gedeeltelijk ontleend aan: Zweig, Conny en Abrams, Jeremiah (red), *Ontmoeting met je schaduw,* Servire, 1993, blz. 16.

19. *De sprookjes van Grimm,* Rebo Productions, 1988, blz. 453-455.

20. Brinkman, Joep, *Communiceren met effect,* Wolters Noordhoff, 1995, blz. 196.

21. Soms is er nog een derde component bij een beeld, namelijk een fysieke blokkade. Een voorbeeld daarvan is de situatie dat iemand iets letterlijk niet over zijn lippen kan krijgen.

22. van Loon, Corrie en Korteweg, Hans, *Echt Waar,* Ank-Hermes, 1992, blz. 92.

23. Korteweg, Hans, en Voigt, Jaap, *Helen of Delen,* Contact, 1985, blz. 104.

24. Korteweg, Hans, *Onderdrukking,* Lezing Agrarische Hogeschool, 's-Hertogenbosch, 17 januari 1990, blz. 1.

25. Kivits, Tonja, *Psychotherapie in kaart gebracht,* Het Spec-

trum, 1991, blz. 28. Overdracht is een door Sigmund Freud ingevoerde term op grond van zijn ervaringen met psychoanalytische behandelingen.

26. Deze kenmerken zijn gebaseerd op mijn eigen werkervaringen en op: Korteweg, Hans, *Overdracht,* Supervisieblok Instituut voor Toegepaste Voorlichtingskunde, Wageningen, 24 januari 1986. Als iemands gedrag in een bepaalde situatie een aantal van de genoemde kenmerken bevat, ga ik er gemakshalve van uit dat er sprake is van een overdrachtsreactie. Het gedrag heeft zo een naam en dat maakt het vaak makkelijker om ernaar te kijken.

27. Je niet vrij voelen in het contact met iemand kan ook te maken hebben met het feit dat je wilt dat de ander jou op een bepaalde manier ziet. Je zet dan een masker op en gaat je gedragen overeenkomstig het beeld dat bij dat bepaalde masker hoort.

28. Ontleend aan de Transactionele Analyse. Meer hierover is onder andere te vinden in: Kouwenhoven, M, *Transactionele Analyse in Nederland,* Instituut voor Transactionele Analyse, 1983.

29. Korteweg, Hans en Voigt, Jaap, *Helen of Delen,* Contact, 1985, blz. 120.

30. Schellenbaum, Peter, *Afscheid van de zelfvernietiging,* Kosmos, 1990, blz. 66.

31. Brinkman, Joep, *Communiceren met effect,* Wolters Noordhoff, 1995, blz. 35.

32. Dethlefsen, Thorward en Dahlke, Rüdiger, *De zin van ziek zijn,* Ank-Hermes, 1983, blz. 53 e.v.

33. Enkele boeken van Alexander Lowen zijn: *Bio-energetica* (1982), *Lichaamstaal en karakter* (1992), *De ontkenning van het lichaam* (1993). Lowen is de eerste wetenschapper die op een samenhangende en algemeen geaccepteerde wijze de lichaamshouding en de lichaamstaal in de psychotherapie heeft

geïntroduceerd. Hij gaat er evenals Wilhelm Reich en Sigmund Freud van uit, dat menselijke karakterstructuren te onderscheiden zijn op grond van de mate waarin kinderlijke behoeften al dan niet bevredigend zijn vervuld.

34. van Praag, Erik, *Leven in je lijf,* Witsiers, 1983, blz. 31.
35. Lowen, Alexander, *Bio-energetica,* Bert Bakker, 1982, blz. 121 e.v.
36. Korteweg-Frankhuisen, Hanneke, en Korteweg, Hans, *Innerlijke Leiding,* Servire, 1989, blz. 123.
37. Gevoelens van sympathie of antipathie hebben soms ook te maken met positieve of negatieve overdracht (zie hoofdstuk 4).
38. Weergave van dit schema in de vorm van een kernkwadrant is ook mogelijk (zie hoofdstuk 7).
39. Schellenbaum, Peter, *Nee in de liefde,* Lemniscaat, 1985, blz. 6.
40. de Boer, Ada, *De ideeën van Perls en Faraday: voer voor droomgroepen,* Koörddanser 81, blz. 9.
41. Stompff, E., *Met dromen onderweg zijn,* Integraal, 1989, blz. 62.
42. Dethlefsen, Thorwald, en Dahlke, Rudiger, *De zin van ziek zijn,* Ank-Hermes, 1983, blz. 50.
43. Ofman, Daniël, *Bezieling en kwaliteit in organisaties,* Servire, 1992, blz. 39 e.v.
44. Daar waar Ofman het begrip 'kernkwaliteit' gebruikt, gebruik ik 'kwaliteit'.
45. Korteweg, Hans en Voigt, Jaap, *Helen of Delen,* Contact, 1985, blz. 115.
46. De twee beschreven invalshoeken om naar vervormingen te kijken zijn soms niet los van elkaar te zien. De secundaire behoeften en het heimelijk plezier in de vervorming komen meestal voor indien een vervorming maskergedrag is. Soms zijn deze twee kenmerken ook aanwezig indien een vervorming ontstaat doordat kwaliteiten uit balans zijn.
47. Andriessen, Herman, *De weg van het verlangen,* Gooi en Sticht, 1992, blz. 44.

48. Korteweg, Hans en Voigt, Jaap, *Helen of Delen,* Contact, 1985, blz. 110.
49. In dit hoofdstuk is een andere indeling van de persoonlijkheid gebruikt dan in hoofdstuk 3. In dat hoofdstuk is de invalshoek kwaliteiten en vervormingen. Beide indelingen kunnen naast elkaar gebruikt worden.
50. van Loon, Corrie en Korteweg, Hans, *Echt Waar,* Ank-Hermes, 1987, blz. 110-112.
51. Sommige mensen zijn ook een leider door de vakkennis die ze hebben.
52. Voigt, Jaap, *Leiderschap,* lezing Agrarische Hogeschool, 's-Hertogenbosch, 2 februari 1988, blz. 11.
53. Voigt, Jaap, *Organisatiekunde,* lezing Kosmos, Amsterdam, 6 juni 1988, blz. 7.
54. Onder andere ontleend aan: Schijf, C., *Empowerment in organisaties,* Deskunde, december 1994, blz. 17.
55. Ofman, Daniël, *Bezieling en kwaliteit in organisaties,* Servire, 1992, blz. 23.
56. Gedeeltelijk ontleend aan: Korteweg-Frankhuisen, Hanneke, en Korteweg, Hans, *Innerlijke Leiding,* Servire, 1989, blz. 222/223.

Informatie over het Kwaliteitenspel

Het Kwaliteitenspel bestaat uit 140 kleurrijke kaarten met daarop eigenschappen van mensen. Op de ene helft staan woorden die kwaliteiten van mensen aanduiden. Voorbeelden daarvan zijn: betrouwbaar, initiatiefrijk, flexibel, vasthoudend, meelevend, zorgvuldig. Op de andere helft staan woorden die vervormingen van mensen aanduiden. Voorbeelden daarvan zijn: aarzelend, arrogant, geremd, opdringerig, slordig. De 140 woorden (zie bijlage I) omvatten het grootste deel van het spectrum aan menselijke mogelijkheden en beperkingen - voor zover die in woorden uit te drukken zijn!

Het spel is geschikt voor allerlei situaties waarin mensen bezig zijn met hun eigen functioneren, onder andere:
• Bewustwording van de eigen sterke en/of minder sterke kanten.
• Het geven van feedback.
• Kennismaking en evaluatie in groepen.
• Samenwerking en teambuilding.
• Functioneringsgesprekken.
• Loopbaanplanning.
• Individuele begeleiding en supervisie.

De kracht van het spel ligt in de eenvoud ervan, de keuzemogelijkheden met betrekking tot de spelvormen en de speelsheid. Een kaartspel roept vaak een prettige en open sfeer op. Mensen beginnen er gemakkelijk aan en spelen het spel met gretigheid en toewijding.

Om als docent, trainer, coach of manager goed met het spel te kunnen werken, is een handleiding samengesteld. In deze handleiding zijn een 20-tal spelvormen beschreven. Hiermee is het mogelijk om voor een specifieke situatie de meest geschikte spelvorm te kiezen. Voor professioneel gebruik (in werk- en opleidingssituaties) wordt het spel geleverd als een pakket, bestaande uit een handleiding en één of meer spellen. Het aantal benodigde spellen is afhankelijk van de groepsgrootte en de spelvorm. Raadpleeg de auteur voor een advies op maat! Het is mogelijk een pakket gedurende drie weken vrijblijvend op zicht te ontvangen om het uit te proberen en te beoordelen.

Prijs handleiding: f 59,- (ISBN 90-74123-031)

Prijs per spel: f 39,50 (ISBN 90-74123-015). Het spel is ook los verkrijgbaar, voor gebruik in de privésfeer of als relatiegeschenk.

Het Kwaliteitenspel en de handleiding zijn verkrijgbaar bij:

> Gerrickens *training & advies**
> Rompertdreef 41
> 5233 ED 's-Hertogenbosch
> Tel.: 073-6427411   Fax: 073-6428822

Voor Vlaanderen:

> Creare vzw
> Koekelarestraat 61
> B-8610 Kortemark
> Tel./Fax: 051-569295

* Wij verzorgen lezingen, workshops, trainingen en individuele coaching. Voor meer informatie kunt U contact opnemen met Peter Gerrickens of Marijke Verstege.